Tadahiko Nagao, Isamu Saito
Kokology

SERIE PIPER

Zu diesem Buch

Entdecken Sie, was in Ihnen steckt: Stellen Sie sich vor, Sie sind im Süßwarenladen. Was wählen Sie aus dem verführerischen Angebot aus – Pralinen und Schokolade, Bonbons oder Lakritze? Und wem würden Sie von Ihren Köstlichkeiten am ehesten etwas abgeben? Nehmen wir einmal an, Sie haben sich in einer großen Höhle verlaufen und irren durch die verzweigten Gänge. Da flüstert Ihnen plötzlich jemand etwas zu. Was sagt die geheimnisvolle Stimme? Und wem gehört sie? Spielen Sie Kokology, entweder alleine oder mit den Menschen um Sie herum. Gefühle und Sexualität, Freundschaft und Familie, Job oder Sport – erfahren Sie die verblüffende Wahrheit über Ihre Seele.

Tadahiko Nagao ist TV-Produzent beim japanischen Fernsehen und Spezialist für Game-Shows. In Zusammenarbeit mit Professor Isamu Saito schuf er den TV-Renner Kokology – und hat mit ihm das erfolgreiche Psychoquiz als Buch zum Bestseller gemacht – mit über vier Millionen Exemplaren allein in Japan.
Isamu Saito unterrichtet als Professor an der Rissho Universität in Tokio und hat in Japan zahlreiche Bestseller zur populären Psychologie und zu Partnerschaftsthemen veröffentlicht. Er ist der geistige Kopf von Kokology.
Auf deutsch liegen außerdem »Kokology«, »Mehr Kokology« und »Kokology für Gewinner« vor.

Tadahiko Nagao, Isamu Saito
Kokology
Das Spiel des Herzens.
Entdecken Sie die Wahrheit über Ihre Seele

Aus dem Japanischen von
Gabriele Wurster, Anita Brockmann und Annelie Ortmanns

Piper München Zürich

KOKOLOGY PROJECT TEAM

Executive Producer: Hisataka Saito
General Producer: Tadahiko Nagao, Takanori Ikeda
Team Staff: Shinichi Iwata, Daisuke Shidara
Cooperator: Keiko Higashiomori
Supervisor: Isamu Saito
Besonderen Dank an: Toshihide Ochiai, Takeshi Itoh

Von Tadahiko Nagao und Isamu Saito liegen in der Serie Piper vor:
Kokology (3708)
Kokology für Verliebte (4051)

Ungekürzte Taschenbuchausgabe
1. Auflage Juli 2003
2. Auflage März 2004
© 1998 by I. V. S. Television Co., Ltd. & Yomiuri Telecasting Corporation
Published in agreement with the author
c/o BAROR INTERNATIONAL, INC., Armonk, New York, USA
Titel der japanischen Originalausgabe:
»Sore ike Kokorojī«, Seishun Publishing Co., Tokio 1997
© der deutschsprachigen Ausgaben:
2001 Piper Verlag GmbH, München,
erschienen im Verlagsprogramm Kabel
Umschlag/Bildredaktion: Büro Hamburg
Isabel Bünermann, Julia Martinez/
Charlotte Wippermann, Kathrin Hilse
Umschlagabbildung: Peter Gross, München
Satz: Peter Gross, München
Druck und Bindung: Clausen & Bosse, Leck
Printed in Germany   ISBN 3-492-23708-8

www.piper.de

Inhalt

9   Einführung

11   Wie man Kokology spielt

Hinein ins Meer des Herzens

16   Reise in die Wüste

19   Der blaue Vogel des Glücks

23   Aschenputtel

26   In den Bergen

31   Ihre Lieblingszeitschrift

35   Strahlend blauer Himmel

39   Happy-End – oder auch nicht?

41   Die Tasche voller Geld

43   Whale Watching

46   Vom Regen überrascht

51   Seifenblasen

55   Im Gerichtssaal

58   Von Hand gemacht

63   Nächtliches Geflüster

65   Waschtag

69   Das größte Geheimnis

73	Ungeheuer
76	Stellen Sie sich vor, Sie wären Psychotherapeut
79	Innen hohl

Aufregende Phantasien und verborgene Wünsche

84	Die tollste Fahrt Ihres Lebens
88	Süße Erinnerungen
93	Im Konzert
95	In freier Wildbahn
97	Im Spinnennetz gefangen
99	Was wohl darin steckt?
101	Wie ein Affe im Käfig
103	Ein echtes Abenteuer
106	Die Kirschen in Nachbars Garten
111	Beim Boxkampf
115	Wankelmut
118	Was nicht fehlen darf …

Die Seele öffnen

124 Abrakadabra, Simsalabim

128 In die Tiefe

133 An Ihrem Geburtstag

135 Bilder einer Ausstellung

139 Sie sind auch nur ein Mensch

143 Die Seehund-Nummer

145 Die Früchte der Arbeit

149 Nur das Allernötigste

153 Der äußere Schein

156 Im Labyrinth

Der Begriff **Kokology** \kɒ'kɒlɒdʒɪ\, japanisch *kokoro* (Geist, Seele, Gefühle) + griechisch *-logìa* (die Lehre von ..., eine Beschäftigung mit ...). **1.** Eine Reihe von psychologischen Spielen, bei denen Gefühls- und Verhaltensmuster der Spieler aufgedeckt werden. **2.** Umgangssprachlicher Begriff für die Interpretation menschlicher Verhaltensweisen und situationsbedingter Reaktionen. **s. auch Kokologe, kokologisch, kokologisieren** ...

Einführung

Der Verstand hat zwei Augen. Das eine blickt in die äußere Welt, wo es Informationen über die Umwelt und unsere Mitmenschen sammelt, das andere richtet sich nach innen: Es blickt in die verborgene Welt unserer Seele, es prüft, was andere wohl von uns denken mögen, und es schielt mit der Frage in die Zukunft, was für ein Mensch wir wohl eines Tages sein werden.

Bücher, Zeitungen, Fernsehen und andere Medien versorgen uns mit Informationen und helfen uns, die äußere Welt zu verstehen. Der Medien-Boom der letzten Jahre hat eine sensorische Überreizung und Informationsschwemme bewirkt, die wir kaum noch verarbeiten können. Doch um unsere innere Welt zu entdecken und zu verstehen, gibt es weit weniger Hilfsmittel. Psychologische Tests beispielsweise helfen uns, das innere Auge zu öffnen und seinen Blick zu schärfen. Die Psychologie beschäftigt sich zwar intensiv mit dem Innenleben der Menschen, doch wie jede Wissenschaft erfordert auch sie Zeit, Mühe und Lerneifer; außerdem bedient sich die Psychologie eines sehr eigenen Wortschatzes, der Laien den Zugang meist erschwert.

Kokology basiert zwar auf wissenschaftlich-psychologischen Erkenntnissen, ist aber unterhaltsam und leicht verständlich und ermöglicht jedem von uns, seine innere Welt im Spiel zu erfahren.

Kokology ist auch ein Kommunikationsmittel. Viele Menschen schreckt der Begriff »Psychotest« ab; selbst ich als Psychologe unterziehe mich nur ungern so einem Test. Doch es gibt spielerische Varianten dieser Entdeckungsreisen, bei denen man sich selbst auf spannende und lustige Weise besser kennenlernen kann. Wenn bei Kokology eine Interpretation unsinnig oder unwahrscheinlich klingt, dürfen Sie natürlich widersprechen – das ist Teil des Spiels. Doch Sie werden

EINFÜHRUNG

überrascht sein, wie treffend die Auswertungen den wahren Charakter eines Menschen enthüllen, auch Ihren eigenen. So bietet dieses Spiel eine gute Möglichkeit, Kommunikationslücken zwischen Freunden oder Liebenden zu schließen und sie einander näherzubringen. Wir verstehen uns danach besser und können leichter über Dinge sprechen, die sonst schwierig, heikel oder gar tabu sind.

Ich habe versucht, Kokology so unterhaltsam wie möglich zu gestalten, dabei aber psychologischen Grundsätzen treu zu bleiben. Ich wünsche Ihnen viel Spaß beim Spielen und viele neue Erkenntnisse über sich selbst und die Menschen, die Teil Ihres Leben sind.

Professor Isamu Saito, Rissho Universität, Tokio

Wie man Kokology spielt

Bei der Entwicklung von Kokology war unser erstes und vorrangiges Ziel, das Spiel unterhaltsam zu gestalten. Denn welcher normale Mensch würde schon ein Spiel spielen, das keinen Spaß macht? Unsere grundlegende Überlegung war: Die Spieler müssen sich in alltägliche und auch ungewöhnliche Situationen hineindenken und auf einfache Fragen antworten. Diese Antworten werden psychologisch interpretiert und verraten etwas darüber, wie der Mensch in seinem Inneren funktioniert. Es ist eine Art Rorschach-Test, nur mit Worten statt mit Tintenklecksen.

Das war der einfache Teil – schwieriger war es, den Spagat zwischen psychologischer Wissenschaft und witzigem Spiel zu schaffen. Professor Saito ist der Garant für die Wissenschaftlichkeit, doch nur Sie selbst können beurteilen, ob es uns gelungen ist, auch unterhaltsam zu sein. Ich bin kein Psychologe, aber ich weiß zumindest so viel über Menschen, daß sie keine langen Einführungen mögen, vor allem nicht zu einem Spiel. So begnüge ich mich damit, Ihnen acht Hinweise zu geben, wie Sie mit Kokology möglichst viel Vergnügen haben und dabei wichtige Erkenntnisse gewinnen können.

Viel Spaß!

Tadahiko Nagao

1. **Sprechen Sie aus, was Ihnen spontan in den Sinn kommt.**
Das Spiel funktioniert am besten, wenn Sie nicht zögern und nicht über Ihre Wortwahl nachdenken. Es gibt keine richtigen oder falschen Antworten. Lehnen Sie sich einfach zurück und sagen Sie, was Ihnen spontan einfällt.

2. **Spielen Sie, wenn möglich, zusammen mit anderen.**
Kokology kann wie jedes Buch auch alleine gelesen werden, aber es ist lustiger und spannender, wenn Sie es mit einem Partner oder in der Gruppe spielen. So können Sie sich gegenseitig auf vergnügliche Weise besser kennenlernen, und vielleicht entdecken Sie auch, daß Sie mit anderen Menschen mehr gemeinsam haben, als Sie bislang dachten. Möglicherweise stellen Sie auch fest, daß Sie sich so sehr von den anderen unterscheiden, als kämen Sie von einem anderen Stern. Aber das können Sie nur im Spiel herausfinden.

3. **Versuchen Sie nicht, die Lösungen zu erraten.**
Es ist ganz normal, daß man versucht, schlauer zu sein als das Spiel, und erraten will, welche Bedeutungen hinter den Antworten stecken. Aber davon haben Sie nicht viel – außer dem Ruf, ein Schlaumeier zu sein.

4. **Seien Sie ehrlich zu sich.**

Kokology ist zwar nur ein Spiel, aber wie bei jedem guten Spiel können Sie dabei sehr viel über sich lernen, wenn Sie es nur zulassen. Haben Sie keine Angst vor der Wahrheit, wenn ein kleiner Fehler oder eine Ihrer Schwächen aufgedeckt wird – trotzdem sind Sie eine kluge und liebenswerte Person. Schließlich haben Sie ja dieses Buch gekauft, oder?

5. **Bereiten Sie sich vor.**

Bei einigen Runden müssen Sie etwas aufschreiben oder malen. Daher sollten Sie schon am Anfang Papier und Stift bereitlegen. Fortgeschrittene Kokologen nehmen vielleicht eine Spielrunde auf Video auf – was Menschen für ein Gesicht machen, wenn ihr wahrer Charakter enthüllt wird, ist kaum zu überbieten! Und die Geheimnisse, die sie ausplaudern, sind auch ihr Geld wert ...

6. **Lesen Sie nicht im voraus.**

Ähnlich wie der Tip, nicht die Lösungen erraten zu wollen, ist dies ein Hinweis für Leute, die immer zuerst die letzte Seite eines Krimis lesen. Seien Sie einfach offen für Überraschungen. Was hat man denn schon davon, wenn man sagen kann: »Ich hab's die ganze Zeit gewußt!«?

7. **Beobachten Sie die Reaktionen Ihrer Mitspieler (und sich selbst).**

Die Interpretationen der Situationen in diesem Buch sind nur der Ausgangspunkt einer Reise, bei der Sie sich und andere besser kennenlernen können. Manchmal ist es aufschlußreicher (und lustiger) zu beobachten, wie jemand auf eine Auswertung reagiert, die ein bißchen danebenliegt, als ihm eine Antwort vorzulesen, die ins Schwarze trifft.

8. **Seien Sie offen für alles.**

Wie im wirklichen Leben ist es auch bei Kokology wichtig, daß Sie sich den Dingen nicht verschließen. Es gibt keine richtigen Antworten, und es gibt immer mehr als eine Möglichkeit, eine Situation zu interpretieren. Sie spielen mit Freunden – ergreifen Sie also die Gelegenheit, mehr von ihnen und über sie zu erfahren. Die Welt wäre doch grau, wenn wir alle das gleiche denken würden. Nur Vielfalt bringt Farbe ins Leben.

Hinein ins Meer des *Herzens*

▶ ▶ ▶ ▶

Reise in
die Wüste

Ihre Kollegen haben alle schon Feierabend gemacht, nur Ihr Schreibtisch quillt noch über vor unerledigtem Papierkram. Sie sehen auf die Uhr, doch die grinst Sie nur höhnisch an, und Sie fragen sich mit einem flauen Gefühl in der Magengrube, wie Sie das alles jemals schaffen wollen.

Der Dozent quasselt sich ohne Ende durch eine Doppelstunde über das langweiligste Thema der Welt. In Ihrem Ringbuch ist nicht mal mehr Platz für ein paar Strichmännchen, und dabei sitzen Sie erst eine halbe Stunde im Seminar. Sie haben das Gefühl, als stünde die Zeit still.

Warten ist eine ganz besondere Form der Folter, schlimmer als ein stechender Schmerz. Die Verbindung von Frustration und Langeweile kann selbst den geduldigsten Menschen in Panik versetzen. Unsere erste Reise führt uns die Unendlichkeit vor Augen. Gehen Sie einen Augenblick in sich und begeben Sie sich in die unendliche Wüste ...

HINEIN INS MEER DES HERZENS

1. Sie reiten auf einem Kamel durch die weite, menschenleere, scheinbar unendliche Wüste. Sie reiten fast bis zur Erschöpfung. Was sagen Sie zu dem Kamel, das Sie den ganzen Weg getragen hat?

2. Gerade als Sie denken, Sie würden verdursten, taucht eine schöne Oase vor Ihnen auf. Doch Sie sind nicht allein; vor Ihnen ist schon jemand hier eingetroffen. Wer ist dieser Wanderer in der Wüste? (Nennen Sie den Namen einer Ihnen bekannten Person.)

3. In der Wüste vergeht die Zeit nur langsam, und es kommt Ihnen vor wie eine Ewigkeit, bis schließlich am Horizont die Lichter einer Stadt auftauchen. Endlich sind Sie am Ziel! Was fühlen Sie am Ende Ihrer Wanderung?

4. Es ist Zeit, sich von dem Kamel zu verabschieden, das Sie so lange geritten haben. Kaum steigen Sie ab, schwingt sich schon ein anderer Reiter in den Sattel und setzt sich an Ihren Platz. Wer ist der neue Reiter? (Nennen Sie den Namen einer anderen, Ihnen bekannten Person.)

*Wüste und Kamel symbolisieren die Reise in die persönliche Unab-
hängigkeit – genauer: Ihre Gefühle bei der Trennung von einem geliebten Menschen. Ihre Antwort verrät, wie Sie reagieren, wenn es an
der Zeit ist, getrennte Wege zu gehen.*

1. **Was Sie zu Ihrem Kamel sagen, empfinden Sie bei Liebeskummer.**
Wählen Sie ermutigende Worte? »Keine Sorge, wir schaffen das
schon!«, »Auch das wird eines Tages vorübergehen.« Oder kann man
die Verzweiflung heraushören? »Wir sind verloren ... Es ist hoffnungs-
los ... Wir werden hier wohl elend zugrunde gehen ...«

2. **Die Oase ist der Schlüssel zur Lösung Ihrer Probleme.** Die Person, die
Sie dort treffen, hat Ihnen vielleicht schon einmal geholfen oder Sie
getröstet, oder es ist jemand, an den Sie sich in schwierigen Zeiten
wenden würden.

3. **Die Lichter der Stadt am Rande der Wüste symbolisieren Ihre inner-
sten Hoffnungen und Träume** in einer Welt, in der Ihnen alles sinnlos
erscheint. Was Sie beim Erreichen der Stadt empfinden, fühlen Sie
auch, wenn Sie sich über die verlorene Liebe hinweggetröstet haben
und Ihr gebrochenes Herz wieder gekittet ist.

4. **Dem neuen Reiter sind Sie insgeheim feindlich gesinnt oder Sie sind
eifersüchtig auf ihn.** Ist es ein Nebenbuhler? Oder hat er einmal Ihr
Herz gebrochen?

HINEIN INS MEER DES HERZENS

Der blaue Vogel
des Glücks

In Ihr Zimmer hat sich ein blauer Vogel verirrt. Dieser blaue Vogel ist am folgenden Tag gelb, am dritten Tag rot und am vierten Tag schwarz. Was glauben Sie, welche Farbe er am fünften Tag annehmen wird?

1. Der Vogel bleibt schwarz und ändert seine Farbe nicht mehr.

2. Er wird wieder blau.

3. Er wird weiß.

4. Er verwandelt sich in einen goldenen Vogel.

Wenn der blaue Vogel, der Ihnen als Glücksbote zugeflogen ist, die Farbe wechselt, dann steht zu befürchten, daß er womöglich gar kein Glücksvogel ist! An der Farbe, die Sie ausgewählt haben, zeigt sich Ihr Charakter, wenn Sie in Not geraten.

1. **Der Vogel bleibt schwarz und ändert seine Farbe nicht mehr.** – Sie sind ein ausgesprochen schwacher Charakter. Ist es nicht so, daß Sie nur noch an das böse Ende denken und sich von schwierigen Situationen nicht lösen können, wenn es erst einmal bergab geht? »Wenn etwas am schlimmsten ist, kann es nicht noch schlimmer kommen.« – Darauf sollten Sie sich besinnen. Auf jede Nacht folgt irgendwann ein Morgen, und nach jedem Regen gibt es irgendwann wieder Sonnenschein.

2. **Er wird wieder blau.** – Sie sind ein unverbesserlicher Optimist. Ihr Credo: »Auf Kummer folgt Freude, und auf Freude folgt Leid.« Wenn Sie in Schwierigkeiten stecken, erfassen Sie die Situation und fangen sie ganz unkompliziert ab. Man sollte sich einfach nicht zu viele Gedanken darüber machen oder sich unsinnigerweise zu sehr aufregen. Sie fügen sich dem Lauf der Dinge, und es gelingt Ihnen, Ihr Leben gelassen zu meistern.

3. **Er wird weiß.** – Sie sind ein besonnener Mensch. Sie halten es für Zeitverschwendung, sich über schwierige Situationen zu beklagen und darunter zu leiden. Von so etwas lassen Sie sich gar nicht erst belasten, sondern halten es für sinnvoller, sich anderen, erfreulicheren Dingen zuzuwenden. Sie sind ein Mensch, der ausgesprochen vorausschauend denkt und in schwierigen Momenten schon wieder eine bessere Zukunft herannahen sieht.

4. **Er verwandelt sich in einen goldenen Vogel.** – Sie sind wohl weniger ein Optimist als vielmehr jemand, der die Gefahr nicht kennt und jede Herausforderung annimmt. Auch wenn Sie in Not geraten, würden Sie das vielleicht gar nicht als eine Notsituation wahrnehmen.
Sie sind ein Typ vom Schlag Napoleons, in dessen Wortschatz das Wort »unmöglich«
nicht existiert. Hoffentlich fallen Sie
dabei nicht auf die Nase!

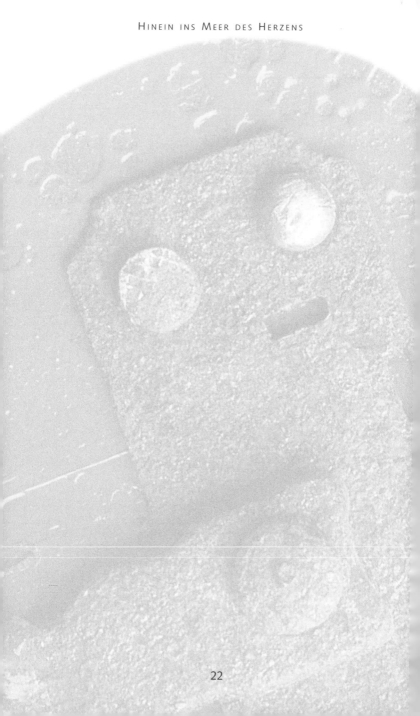

Aschenputtel

Aschenputtel ist und bleibt ein Meisterwerk.

Welche der folgenden Szenen aus diesem Märchen hat Sie am meisten beeindruckt?

1. Die Szene, in der Aschenputtel von der Stiefmutter und den Schwestern gequält wird.

2. Die Szene, in der sie von der Fee verzaubert wird.

3. Die Szene, in der sie das Schloß verläßt und den Schuh verliert.

4. Der Höhepunkt, als der Schuh wie angegossen sitzt.

*Warum heben wir diese Szenen besonders hervor? Bei näherem Hin-
sehen können Sie darin Ihre größten Fehler erkennen.*

1. Ihnen ist die Figur des Aschenputtels, das das gemeine Verhalten der
Stiefmutter und der Schwestern erträgt und weiterarbeitet, in Erinnerung geblieben. Hinter dem Mitleid, das Sie Schwächeren gegenüber
haben, verbirgt sich eine ziemliche **Arroganz.** Das heißt auch, daß Sie,
wenn sich eine Situation plötzlich verkehrt, unerwartet empfindsam
reagieren. Ein gesundes Selbstbewußtsein ist zwar begrüßenswert,
aber überschätzen Sie sich nicht!

2. Sie können die Szene nicht vergessen, in der die Fee Aschenputtel in
eine hübsche Prinzessin verwandelt. In unserer Welt gehen solche
Geschichten meist nicht so glücklich aus.
Ihr Fehler besteht darin, daß **Sie Ihr Leben aufs Geratewohl leben und
daran nicht im mindesten Kritik üben.** Bitte leben Sie doch ein bißchen
mehr nach Plan!

3. Das Aschenputtel, das mit dem Glockenschlag um Mitternacht davon-
läuft, und der Schuh, der auf der Treppe zurückbleibt … Sie hat diese
Szene beeindruckt. Sie sind **ein Mensch mit einer starken Neigung zur
Unselbständigkeit.**
Vielleicht ist das Leben ja leichter, wenn man den anderen alles über-
läßt und vorgegebenen Bahnen folgt, aber so können Sie keine wirklich tiefen Gefühle entwickeln. Übernehmen Sie für eine Sache, die Sie
begonnen haben, bis zum Schluß selbst die Verantwortung, und laufen Sie nicht vor den Konsequenzen davon!

HINEIN INS MEER DES HERZENS

4. Sie mögen die Szene in »Aschenputtel« am meisten, in der ihm endlich das Glück begegnet. Ein konventionelles Happy-End ist zwar sehr angenehm, aber es birgt das Problem in sich, daß es viel zu optimistisch gedacht ist. Außerdem kommt es nur allzuoft vor, daß sich die Dinge nicht nach einem vorgegebenen Muster in die Realität übertragen lassen. Können Sie in solchen Momenten locker damit umgehen? **Mangelnde Flexibilität** ist Ihr größter Fehler. Es ist wichtig, daß man auch dann eigenständig zurechtkommt, wenn es keine Anleitung gibt.

HINEIN INS MEER DES HERZENS

In den
Bergen

Die Berge und das Meer ziehen uns magisch an; schließlich sind wir alle Kinder der Natur. In die Natur wurden wir hineingeboren, sie nährte uns mit ihrer Fülle, sie ist der Quell allen Lebens.

So groß die technologischen Wunder unserer Zeit auch sein mögen – nur in der Natur können wir wirklich die Seele baumeln lassen und das pulsierende Leben in uns spüren. Die Medizin macht ständig Fortschritte, aber die beste Arznei ist und bleibt die heilende Kraft der Natur.

Ihre nächste Reise führt Sie in die grüne Ursprünglichkeit. Gibt es denn eine bessere Umgebung, um sich selbst zu erkennen?

1. Auf der Suche nach einem außergewöhnlich seltenen Stein müssen Sie einen Berg besteigen. Welchen Eindruck haben Sie von dem Berg, als Sie an seinem Fuße stehen?

2. Trotz intensiver Suche haben Sie bei Sonnenuntergang den Stein immer noch nicht gefunden. Was tun Sie?

3. Sie haben den gewünschten Stein endlich gefunden. Was ist es für ein Stein? Beschreiben Sie seine Größe, sein Gewicht und seinen Wert.

4. Es ist Zeit, abzusteigen und nach Hause zurückzukehren. Welchen Abschiedsgruß entbieten Sie dem Berg? Und wie lautet seine Antwort?

Der Berg stellt Ihren Vater oder eine Vaterfigur dar. Psychologisch betrachtet ist er der Archetypus des »weisen, alten Mannes«. Vor diesem Hintergrund symbolisiert der Stein die verborgenen Fähigkeiten und Stärken, die Sie beim Erwachsenwerden und bei Ihrer Entwicklung zu einer unabhängigen Persönlichkeit entdecken können.

1. **Ihr Eindruck von dem Berg spiegelt Ihr Vaterbild wider.** – War er schwierig und unzugänglich? Oder sanft und leicht zu bezwingen? Hatten Sie das Bild eines prächtigen Gipfels vor sich, der Sie willkommen heißt und Sie zur Suche nach dem Stein ermutigt?

2. **Der Stein symbolisiert Ihre schlummernden Fähigkeiten und Stärken.** Ihre Antwort auf diese Frage verrät, ob Sie dieses Potential jemals in sich wecken. Wenn Sie die Suche nach dem Stein unter allen Umständen fortsetzen, zeigen Sie auch im wirklichen Leben Entschlossenheit und Durchhaltevermögen; Sie geben nicht auf, auch wenn Ihre Bemühungen fruchtlos scheinen.

Beenden Sie die Suche für heute, nehmen sie jedoch zu einem anderen Zeitpunkt wieder auf, so zügeln Sie Ihre Kräfte und teilen sie über einen langen Zeitraum ein. In dieser Gruppe gibt es bestimmt viele Knospen, die spät erblühen, sich aber dann zu voller Pracht entfalten. Haben Sie die Suche ganz aufgegeben, besteht die Gefahr, daß Ihre verborgenen Fähigkeiten nie aus dem Dornröschenschlaf erwachen.

HINEIN INS MEER DES HERZENS

3. **Die Beschreibung des Steins drückt Ihr Selbstwertgefühl aus.** – Wie groß und wie schwer war er? Welchen Wert messen Sie ihm bei? »Ach, sagen wir fünfzig Mark.« Das zeigt nicht gerade große Wertschätzung, nicht wahr?
»Ein millionenschwerer Diamant!« Nun, vielleicht sollten wir doch besser die Kirche im Dorf lassen …

4. **Ihr Abschiedsgruß an den Berg drückt aus, was Sie Ihrem Vater immer sagen wollten, aber nie über die Lippen brachten.** – Die Antwort des Berges drückt Ihre Vorstellung von den Gefühlen Ihres Vaters für Sie aus.
Lautete der kurze Dialog etwa so: Sie sagen: »Danke für alles.« Der Berg antwortet: »Paß auf dich auf!« Das wäre ideal.
Oder eher so: Sie sagen: »Ich glaube, mit dir bin ich fertig.« Der Berg antwortet: »Sag das noch mal!« Dann sollten Sie sich mit Ihrem Vater vielleicht mal zusammensetzen …

HINEIN INS MEER DES HERZENS

HINEIN INS MEER DES HERZENS

Ihre Lieblings-
zeitschrift

Sie haben eine Wochenzeitschrift gekauft und wollen sie zu Hause lesen. Wie gehen Sie vor?

1.   Lesen Sie das ganze Heft von der
       ersten bis zur letzten Seite?

2.   Schlagen Sie gezielt erst die Artikel auf,
       die Sie interessieren?

3.   Blättern Sie die Zeitschrift durch und lesen,
       was Ihnen zufällig interessant erscheint?

4.   Sie lesen, wenn sich das Layout nicht geändert hat,
       die Artikel in der gleichen Reihenfolge wie immer?

In jeder durchschnittlichen Wochenzeitschrift steckt die Arbeit vieler Autoren, Fotografen, Grafiker und Redakteure, die Ihnen ein ganzes Spektrum an Meinungen und Standpunkten bieten – ein Sammelband menschlicher Erfahrung und Erkenntnis. Wie Sie eine Zeitschrift lesen, zeigt, wie Sie mit dieser Vielfalt an Wahlmöglichkeiten umgehen, und die Einteilung Ihrer Lektüre gibt einen Einblick in die Einteilung Ihrer Mittel, vor allem Ihrer finanziellen Mittel.

1. **Sie lesen die ganze Zeitschrift von der ersten bis zur letzten Seite. –** Sie wissen, woher jeder Pfennig Ihres Einkommens kommt und wohin er geht. Nicht, daß Sie aus der Not heraus pingelig mit Ihrem Geld oder Ihren Finanzplanungen sind – Sie fühlen sich einfach wohler, wenn Sie den Stand der Dinge kennen. Sie verlieren nur ungern den Überblick; selbstverständlich bewahren Sie Ihre Kontoauszüge ordentlich auf und haben die Übersicht über alle Ihre Geldgeschäfte.

2. **Sie schlagen gezielt erst die Artikel auf, die Sie interessieren. –** Sie sind oft abgebrannt. Wenn Sie Geld haben, dann kaufen Sie, was Ihnen gefällt, und wenn Sie Ihre letzte Mark ausgegeben haben, denken Sie: »Na, vielleicht sollte ich nächsten Monat doch ein Sparkonto eröffnen.« Und sollten Sie zufällig mal eine kleine Summe angespart haben, gehen Sie garantiert zum nächsten Automaten und heben Geld ab, nur damit Sie etwas zu tun haben.

HINEIN INS MEER DES HERZENS

3. **Sie blättern die Zeitschrift durch und lesen, was Ihnen zufällig inter-essant erscheint.** – Sie halten sich für sparsam – andere finden Sie gei-zig. Auf jeden Fall verschwenden Sie Ihr Geld nicht im Unverstand und sparen lieber für Notfälle. Sie lassen sich nicht zu unüberlegten Käufen hinreißen, und Sie belasten Ihre Kreditkarten auch nicht durch Tele- oder Online-Shopping. Doch Sie sollten gelegentlich mal Ihre Geld-börse zücken, es gibt nämlich Schöneres im Leben als ein ausgegliche-nes Bankkonto.

4. **Wenn sich das Layout nicht geändert hat, dann lesen Sie die Artikel in der gleichen Reihenfolge wie immer.** – Sie ändern Ihr Kaufverhal-ten nicht, auch wenn sich Ihr Leben verändert. Wenn Sie im Lotto gewinnen, kaufen Sie wahrscheinlich immer noch in billigen Super-märkten ein, und umgekehrt kaufen Sie auch dann noch teure Mar-kenkleidung, wenn Sie kurz vor dem Bankrott stehen. Die Launen des Schicksals können Sie nicht aus der Bahn werfen. Ein Part-ner, der für Sie die Geldgeschäfte re-gelt, wäre prima für Sie.

HINEIN INS MEER DES HERZENS

HINEIN INS MEER DES HERZENS

Strahlend blauer
Himmel

Stellen Sie sich einen strahlend blauen Himmel vor, der von keinem Wölkchen getrübt wird. Schon allein die Vorstellung müßte Ihre Stimmung heben.

Betrachten Sie nun die Landschaft.

Welches Bild beruhigt und entspannt Sie am meisten?

1. Eine weiß verschneite Ebene

2. Das blaue Meer

3. Grüne Hügel

4. Ein Feld mit gelben Sonnenblumen

Blau beruhigt die Seele. Schon wenn Sie sich ein blaues Bild vorstellen, verlangsamt sich Ihr Puls und Sie können durchatmen. Auch andere Farben wirken sich auf den Seelenzustand aus.

Welches Bild Sie sich vor dem Hintergrund des blauen Himmels vorstellen, offenbart eine verborgene Gabe, die in den Tiefen Ihrer Seele ruht.

1. **Eine weiß verschneite Ebene** – Sie sind mit großer Empfindsamkeit gesegnet; Sie können Situationen auf einen Blick erfassen und komplexe Probleme intuitiv begreifen. Sie sehen klar und können leicht Entscheidungen treffen, ja, Sie sind fast ein Visionär. Vertrauen Sie auf Ihre Intuition, sie führt Sie gut durchs Leben.

2. **Das blaue Meer** – Sie sind sehr geschickt im Umgang mit anderen Menschen. Man respektiert Sie wegen Ihrer Kommunikationsfreudigkeit und Ihrer Gabe, die unterschiedlichsten Menschen zusammenzubringen. Sie sind ein unverzichtbarer Partner in jedem Team; schon durch Ihre bloße Anwesenheit ermöglichen Sie einen reibungslosen und effizienten Arbeitsablauf. Wenn Sie sagen: »Toll gemacht! Weiter so!«, dann meinen Sie das auch so und geben Ihren Mitarbeitern Auftrieb.

3. **Grüne Hügel** – Sie sind spontan und kommunikationsfreudig. Sie scheinen immer die richtigen Worte zu finden, um Ihrer Meinung Ausdruck zu verleihen, und die anderen merken schnell, daß sie genau dasselbe empfinden. In Ihrer Gesellschaft gilt: Geteilte Freude ist doppelte Freude, geteiltes Leid ist halbes Leid.

4. **Ein Feld mit gelben Sonnenblumen** – Sie sind ein Ausbund an Wissen und Kreativität und haben ein schier unerschöpfliches Repertoire an neuen Ideen. Arbeiten Sie weiter an der Verwirklichung Ihrer Träume, seien Sie jedoch sensibel für die Gefühle anderer, dann können Sie alles erreichen, was Sie sich vorgenommen haben.

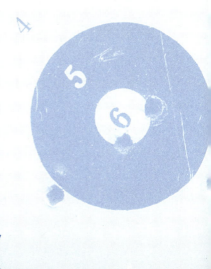

HINEIN INS MEER DES HERZENS

Happy-End – oder
auch nicht?

Märchen gehen immer gut aus, jedenfalls sollten sie das. Doch was ist, wenn das erwartete Happy-End doch nicht eintritt?

Stellen Sie sich vor, Sie wären Aschenputtel und müßten mit ansehen, wie der schöne Prinz Ihrer häßlichen, gemeinen Stiefschwester Ihren verlorenen Schuh überstreifen will. Und stellen Sie sich ihr triumphierendes Lachen vor, wenn ihr der Schuh paßt wie angegossen! Was tun Sie angesichts dieser unangenehmen Überraschung? Beschreiben Sie ausführlich, wie Sie sich fühlen und was Sie dagegen tun wollen.

Im Märchen hält Aschenputtel den Schuh für etwas, das ganz und gar und für immer nur ihr gehört. Wenn Sie sich in ihre Lage versetzen, nehmen Sie dieselbe Haltung ein. Wie Sie nun auf diese unangeneh-me Überraschung reagieren, so verhalten Sie sich gegenüber einer Nebenbuhlerin, die versucht, Ihnen den Partner streitig zu machen. Wir gehen normalerweise davon aus, daß unser Partner uns allein gehört, aber diese Einstellung kann sich auf verschiedene Art und Weise äußern.

Was tun Sie, um Ihren rechtmäßigen Besitz zurückzubekommen?

1. **»Ich würde den Prinz bitten, auch mir den Schuh überzustreifen.«** – Sie bekommen keine Angst, wenn Ihr Partner sich ein wenig umsieht, bevor er sich endgültig für Sie entscheidet. Ihr Selbstvertrauen ist bewundernswert. Doch was tun Sie, wenn Ihr Prinz der Meinung ist, da gäbe es noch ein ganzes Königreich von Füßen, an denen er den Schuh gerne noch ausprobieren möchte?

2. **»Pech! Aber das Leben geht weiter.«** – Einsicht ist ein Zeichen von Klugheit, doch manchmal muß man kämpfen, um seinen Besitz zu ver-teidigen.

3. **»Ich schnappe mir diesen Schuh und ziehe meiner häßlichen Stief-schwester damit eins über!«** – Seinem Haß Ausdruck zu verleihen tut natürlich gut, aber möglicherweise will der Prinz keine künftige Gemahlin, die ihren Rivalinnen die Augen auskratzt.

HINEIN INS MEER DES HERZENS

Die Tasche
voller Geld

Wir alle verlieren schon mal was. Manchmal merken wir es gar nicht. Erinnern Sie sich, wie es war, als Sie das letzte Mal etwas verloren haben, an Ihre Frustration, als Sie den ganzen Weg zurückgingen, den Boden absuchten, unter den Möbeln nachsahen, den Mülleimer durchsuchten? Erinnern Sie sich an die Verzweiflung, mit der Sie Ihre Taschen zum fünften Mal durchwühlten, um sich zu vergewissern, daß Sie auch ja nichts übersehen haben? Verlorene Gegenstände verschwinden auf geheimnisvolle Weise und tauchen auf ebenso geheimnisvolle Weise nach Monaten wieder auf, wenn Sie die Suche schon längst aufgegeben und die ganze Sache vergessen haben. Mit Fundsachen verhält es sich genauso: Sie finden keine verlorenen Brieftaschen auf der Straße und auch keine vergessenen Geldbörsen im Zug, nur weil Sie systematisch danach suchen – Sie finden sie rein zufällig, wenn Sie gar nicht damit rechnen.

Auf der Straße finden Sie eine schwarze Aktentasche. Niemand ist in der Nähe – Sie öffnen sie, um nach dem Namen des Besitzers zu sehen, und finden ein Bündel Geldscheine. Was ist Ihre erste Reaktion auf diesen unverhofften Glücksfall?

1. »Mensch, habe ich heute ein Glück!«

2. »O Gott, was mache ich denn jetzt?«

3. »Am besten, ich überschlafe das Ganze.«

4. »Das ist ein Geschenk Gottes!«

Ihre Reaktion auf diesen Fund verrät, was Sie denken, wenn eine attraktive Person sich mit Ihnen verabreden will.

1. »**Mensch, habe ich heute ein Glück!**« – Sie können sich über Ihr Glück freuen wie ein Kind. Die Welt wäre sehr viel schöner, wenn alle Menschen so spontan sein könnten wie Sie.

2. »**O Gott, was mache ich denn jetzt?**« – Daß man in so einer Situation unsicher wird, ist ganz normal. Doch die Entscheidung liegt allein bei Ihnen. Nehmen Sie sich Zeit und überlegen Sie reiflich, aber ringen Sie nicht zu lange mit sich, denn sonst kommt ein anderer und schnappt Ihnen das Glück vor der Nase weg!

3. »**Am besten, ich überschlafe das Ganze.**« – Wichtige Entscheidungen sollten überschlafen und mit klarem Kopf getroffen werden. Zu Ihrer Umsicht beim Überqueren einer Straße könnte vieles gesagt werden, aber wäre es denn nicht schön, wenn Sie ab und zu über die Straße rennen könnten, ohne erst nach links und rechts zu sehen? Verlassen Sie sich einfach mal auf Ihr Gefühl, auch wenn Sie dabei ein unwägbares Risiko eingehen. No risk, no fun ...

4. »**Das ist ein Geschenk Gottes!**« – Entweder nehmen Sie Gottes Ratschluß nicht sehr ernst, oder ein Rendezvous ist für Sie ein übersinnliches Erlebnis.

HINEIN INS MEER DES HERZENS

Whale
Watching

Während eines Urlaubs nehmen Sie an einem Bootsausflug teil, um Wale zu sehen. Sie stehen an Deck eines kleinen Schiffes, um Sie herum das weite, blaue Meer, so weit das Auge reicht. Die Gischt spritzt Ihnen ins Gesicht, als Sie sich über die Reling beugen und diese geheimnisvollen Geschöpfe unter Wasser nahen sehen. Und da sind sie – eine Walfamilie taucht in kurzer Entfernung zum Boot auf.

Wie würden Sie diese Walfamilie beschreiben?

1. Ein riesiges Weibchen, gefolgt von ihrem Jungen.

2. Ein Junges, das sich an den Bauch
der Mutter kuschelt.

3. Männchen und Weibchen, das Junge in der Mitte.

4. Ein Junges, das eine Fontäne herausbläst
und alleine davonschwimmt.

Der Wal ist ein Symbol für C. G. Jungs Archetypus der »Große Mutter«. Ihre Beschreibung der Walfamilie verweist auf Ihre Beziehung zu Ihrer Mutter.

1. **Ein riesiges Weibchen, gefolgt von ihrem Jungen.** – Ihre Mutter ist für Sie dominant und wichtig. Möglicherweise beeinflußt sie immer noch Ihr Denken und Handeln, obwohl Sie mittlerweile erwachsen sind. Es wäre gut, wenn Sie sich vom Rockzipfel Ihrer Mutter lösten und selbständiger würden. Schließlich hat Ihre Mutter Sie ja nicht großgezogen, damit Sie Ihr Leben lang ein kleines Kind bleiben.

2. **Ein Junges, das sich an den Bauch der Mutter kuschelt.** – Sie sehnen sich nach körperlicher Nähe und Wärme; das ist ganz normal, solange dieses Bedürfnis nicht überhandnimmt. Vor allem Männer, die diese Antwort gegeben haben, sollten darauf achten, daß sie ihren Partnerinnen nicht die Rolle einer Ersatzmutter zuweisen, denn als Muttersöhnchen kann man keine reife Beziehung leben.

3. **Männchen und Weibchen, das Junge in der Mitte.** – Sie achten und schätzen Mutter und Vater gleichermaßen (der Vater wird nämlich in diesen Szenarien oft vergessen). Sie hatten eine glückliche, geborgene Kindheit, mit dem Ergebnis, daß Sie heute ein ausgeglichener Mensch sind.

4. **Ein Junges, das eine Fontäne herausbläst und alleine davonschwimmt.** – Sie haben persönliche Unabhängigkeit erreicht und entwickeln sich zu einer selbständigen Persönlichkeit, aber in Ihrem Beharren auf Eigenständigkeit wirken Sie manchmal stur, eigensinnig oder gar egoistisch. Achten Sie darauf, nicht zu individualistisch zu sein und sich Ihren Mitmenschen nicht zu sehr zu entfremden.

Vom Regen
überrascht

Wir können im Leben nicht alles vorhersagen, immer gibt es Überraschungen, Notfälle und unerwartete Katastrophen, auf die wir uns innerlich nicht vorbereiten können. Alles Unerwartete kann anstrengend sein, eine plötzliche Einladung genauso wie ein plötzliches Ende. Und da wir nicht alles unter Kontrolle haben und nicht alles voraussehen können, entwickeln wir Gewohnheiten und Verhaltensmuster, um damit zurechtzukommen.

Auf einem Spaziergang werden Sie plötzlich von einem Regenguß überrascht. Selbst wenn Sie ganz schnell rennen, sind Sie immer noch fünf Minuten von Ihrem Ziel entfernt.

Welche der folgenden Antworten beschreibt Ihre Vorgehensweise am besten?

1. »Ich finde schon einen Baum oder eine Markise, wo ich mich unterstellen und warten kann, bis der Regen aufgehört hat.«

2. »Ich weiß nicht, wie lange es regnen wird, also renne ich eben, so schnell ich kann.«

3. »Ich schaue mich nach einem Passanten mit Schirm oder nach einem Geschäft um, wo ich einen Schirm kaufen kann.«

4. »Ich habe immer einen Knirps in der Tasche, und jetzt kommt er zum Einsatz.«

Wie haben Sie auf diesen unerwarteten Regenguß reagiert? Der Regen symbolisiert die unvorhersehbaren und unkontrollierbaren Kräfte im Leben. Ihre Antwort zeigt, wie Sie in einem unerwarteten Streit mit einem geliebten Menschen oder einem Freund reagieren.

1. **»Ich finde schon einen Baum oder eine Markise, wo ich mich unterstellen und warten kann, bis der Regen aufgehört hat.«** – Sie warten, bis die andere Seite sich wieder beruhigt hat, bevor Sie versuchen, den Streit beizulegen. Sie lassen den anderen lieber toben und wüten, bis er sich verausgabt hat, und legen dann Ihre Argumente ruhig und sachlich dar. Die einen halten das für intelligent, andere finden es feige.

HINEIN INS MEER DES HERZENS

2. »Ich weiß nicht, wie lange es regnen wird, also renne ich eben, so schnell ich kann.« – Wie der Streit ausgeht, interessiert Sie gar nicht so sehr, Hauptsache, Sie können Ihre Meinung sagen. Sie sind überzeugt, daß Sie recht haben, daran ändert auch ein Streit nichts. Geben und Nehmen kommt in Ihrer Strategie nicht vor. Wenn der Gegner wütend wird, werden Sie noch wütender, wenn der Gegner schreit, schreien Sie um so lauter. Ein Streit mit Ihnen ist keine sehr angenehme Angelegenheit, aber zumindest kennt jeder Ihren Standpunkt.

3. »Ich schaue mich nach einem Passanten mit Schirm oder nach einem Geschäft um, wo ich einen Schirm kaufen kann.« – Konflikten und Auseinandersetzungen gehen Sie aus dem Weg. Kommt es doch zum Streit, versuchen Sie, zu beschwichtigen und die Wogen zu glätten. Leider macht das manchmal alles nur noch schlimmer. Wichtig ist, daß Sie Position beziehen und dem Sturm von Zeit zu Zeit standhalten.

4. »Ich habe immer einen Knirps in der Tasche, und jetzt kommt er zum Einsatz.« – Sie glauben, daß Sie für jede Kritik eine Erklärung und für jeden Fehler eine Entschuldigung haben. Ein Streit ist für Sie wohl nur eine Gelegenheit, Ihre Krallen zu schärfen, doch auf andere wirken Sie glatt, frustrierend und unehrlich. Aber dafür haben Sie sicherlich auch eine gute Erklärung ...

Hinein ins Meer des Herzens

HINEIN INS MEER DES HERZENS

Seifenblasen

Erinnern Sie sich noch an die langen Sommertage in den großen Schulferien? Sie hatten keinerlei Verantwortung, der Tag gehörte vom Aufstehen bis zum Schlafengehen Ihnen allein. Zeit zum Spielen, für Abenteuer, zum Träumen und Umherstreifen. Erinnern Sie sich daran, wieviel Spaß es gemacht hat, Drachen steigen zu lassen, die Wolken ziehen zu sehen, Seifenblasen fliegen zu lassen ...

Stellen Sie sich vor, es wäre wieder so ein Sommertag wie damals und Sie ließen Seifenblasen in den Himmel steigen. Welche Aussage beschreibt die Szene, die Sie sich vorstellen, am besten?

1.   Die Seifenblasen schweben hoch in den Himmel.

2.   Sie machen Hunderte von kleinen Blasen durch den Plastikring.

3.   Sie versuchen, eine einzige riesengroße Blase zu machen.

4.   Der Wind weht die Seifenblasen hinter Sie.

Die schimmernden Blasen sind Symbole Ihrer Hoffnungen und Träume. Wie Sie sich die Szene vorstellen, verrät, ob Sie glauben, daß Ihre Hoffnungen sich eines Tages erfüllen und Ihre Träume wahr werden.

1. **Die Seifenblasen schweben hoch in den Himmel.** – Ihre Träume sind unerreichbar und nicht faßbar, sie fliegen von Ihnen weg wie Seifenblasen im Wind. Vielleicht wünschen Sie sich zu viel und versteigen sich schnell in Phantastereien. Jedenfalls ist die Kluft zwischen der Realität und Ihren Träumen sehr groß. Wie gerne würden Sie den anderen von Ihren großen Zukunftsplänen erzählen! Doch eine innere Stimme sagt Ihnen, daß Ihre Träume nur Schall und Rauch sind.

2. **Sie machen Hunderte von kleinen Blasen durch den Plastikring.** – Sie konzentrieren sich auf das unmittelbar Machbare – neue Kleider, ein Auto, ein Freund, eine Freundin. Ihre Träume sind immer im Rahmen des Erreichbaren. Überlegen Sie, was Sie sich auf dieser Welt am meisten wünschen, und versuchen Sie, es auch zu erreichen. Wenn Sie sich jeden kleinen Wunsch sofort erfüllen, stehen Sie am Ende vielleicht mit leeren Händen da.

3. **Sie versuchen, eine einzige riesengroße Blase zu machen.** – Sie haben einen einzigen, alles überragenden Traum oder einen Plan, der Ihr ganzes Leben bestimmt. Halten Sie daran fest und versuchen Sie, Ihr Ziel zu erreichen. Mit der Zeit werden Sie sehen, daß Sie gar nicht so weit von seiner Verwirklichung entfernt sind

4. **Der Wind weht die Seifenblasen hinter Sie.** – Ihre früheren Enttäuschungen in bezug auf unerfüllte Hoffnungen und Träume formen Ihre heutige Sicht. Doch daß Sie einem Traum nachgejagt sind und ihn verloren haben, war eine Erfahrung, die Ihnen in der Zukunft nützen könnte, Ihr Ziel doch noch zu erreichen. Nur wer nie etwas versucht, versagt auch nie.

Hinein ins Meer des Herzens

Im *Gerichtssaal*

Der Schlag des Hammers, die Redeschlachten der gewitzten Anwälte, das Schweigen, wenn das Urteil verlesen wird ... Wenige Filmszenen sind so dramatisch wie ein Gerichtsprozeß – ein spannender Schlagabtausch auf intellektueller Ebene, bei dem die Grenze zwischen Recht und Unrecht oft fließend wird und das Bindeglied zwischen Gesetz und Gerechtigkeit verlorengehen kann.

Stellen Sie sich vor, Sie wären ein Schauspieler in einer Gerichtsszene. Welche der folgenden Rollen würden Sie gerne spielen?

1.   Anwalt

2.   Ermittler

3.   Angeklagter

4.   Zeuge

Psychologisch gesehen spielt der Schauspieler Ihre gesellschaftliche Rolle und setzt die Maske auf, die Sie im Umgang mit anderen Menschen tragen. Als Schauspieler können Sie frei ausagieren, wie Sie sich selbst wahrnehmen. Die Gerichtsszene verleiht dem Ganzen Intensität und zusätzliche Spannung. Die Rolle, die Sie gewählt haben, entspricht Ihrem Verhalten in Krisensituationen.

1. **Anwalt** – Normalerweise behalten Sie einen kühlen Kopf und zeigen Ihre Erregung nicht. Doch Sie haben auch noch ein anderes Gesicht, das nur unter großem Druck zum Vorschein kommt: das des hitzigen Kämpfers, der seine Selbstbeherrschung verliert und explodieren kann, wenn die Lage es verlangt. Diese Verbindung von kühlem Kopf und feuriger Leidenschaft läßt Sie auch die schwierigsten Situationen überstehen.

2. **Ermittler** – Chaos und Durcheinander können Sie nicht beirren. Wenn andere den Kopf verlieren, bewahren Sie die Ruhe. Andere spüren und respektieren Ihren Gleichmut und wenden sich in Schwierigkeiten hilfesuchend an Sie. Sie werden von Problemen verfolgt, aber das macht Ihnen nichts aus – im Gegenteil, Sie werden nur noch gelassener.

3. **Angeklagter** – Auf den ersten Blick wirken Sie stark und unerschütterlich, doch unter dieser Maske fehlt Ihnen das gewisse Etwas, das Sie den Kampf auch bis zum Ende durchstehen läßt. Wenn sich die Lage zuspitzt, verschwenden Sie Ihre Zeit auf zweitrangige Probleme, anstatt die unmittelbaren Fragen anzugehen. In Ihrem eigenen Interesse sollten Sie sich mit einem Pragmatiker zusammentun.

4. **Zeuge** – Sie wirken in jeder Lage kooperativ und hilfsbereit, doch Ihr Wunsch, allen zu gefallen, bringt Ihnen auch Schwierigkeiten ein. Wenn Sie immer mit jedem auskommen wollen, werden Sie wankelmütig und sogar unglaubwürdig. Machen Sie sich weniger Gedanken darüber, ob Ihre Aussagen andere Leute glücklich machen oder nicht – Sie müssen einzig und allein vor sich selbst bestehen.

HINEIN INS MEER DES HERZENS

Von
Hand gemacht

Die Leute drängen sich auf einem Kunstgewerbemarkt, ein Stand steht am anderen, an Tischen und Buden bieten Händler ihre Waren feil. Kinderspielzeug, Ölgemälde, Silberschmuck und andere Kleinodien ziehen die Aufmerksamkeit der Passanten auf sich, sie bleiben vor jedem Stand eine Weile stehen und wühlen in den Waren. Alles ist handgearbeitet, kein Stück gleicht dem anderen, und jeder hofft, daß er unter den vielen Sachen ein einzigartiges Schnäppchen findet, das bisher unbemerkt geblieben ist. Die Qualität der Waren reicht von ordentlichem bis hin zu erstklassigem Kunsthandwerk, wie man es auch in den besten Läden finden kann. Die Händler in ihren bunten Kleidern und mit ihrem exzentrischen Auftreten machen diesen Tag auf dem Markt zu einem außergewöhnlichen Erlebnis, das ein Schaufensterbummel niemals bieten kann.

Und da wir schon mal da sind – bummeln wir doch eine Weile und schauen, was da geboten wird.

1. Sie haben selbst einen Stand und verkaufen selbstgemachten Schmuck. Wie viele verschiedene Ringe und Armreifen stellen Sie aus?

2. Jemand besieht sich Ihre Waren, geht aber weiter, ohne etwas zu kaufen. Was denken Sie bei sich?

3. Ein möglicher Kunde ist sehr an einem bestimmten Schmuckstück interessiert, das Sie selbst für das beste in Ihrer Kollektion halten. Wie bringen Sie das Stück an den Mann?

4. Der Tag geht zu Ende, Sie müssen den Stand schließen. Beschreiben Sie, was Sie verkauft haben.

Schmuck und andere Accessoires stellen die soziale Seite eines Menschen dar. Selbstgemachter Schmuck unterstreicht die Persönlichkeit. Ihre Antworten zeigen, wie Sie gerne von anderen gesehen werden möchten.

1. **Die Anzahl der verschiedenen Schmuckstücke an Ihrem Stand entspricht der Anzahl der Masken, die Sie in den verschiedenen Situationen tragen** – vor Ihren Freunden, Ihrem Chef, Ihrem Partner. Je mehr Schmuckstücke Sie haben, desto komplexer ist Ihr soziales Leben.

2. **Was Sie denken, wenn Sie einen Kunden verlieren, entspricht Ihrer Reaktion auf eine Enttäuschung oder eine Zurückweisung.**
Meinen Sie, Sie hätten etwas falsch gemacht? – »Warum haben ihm wohl meine Sachen nicht gefallen?«
Zucken Sie nur mit der Schulter und machen weiter wie bisher? – »Egal, es gibt genügend andere Leute hier!«
Oder ergreifen Sie die Gelegenheit, ein paar kritische Betrachtungen über die Kunden anzustellen? – »Gute Handarbeit würden diese Leute selbst dann nicht erkennen, wenn sie ihnen ins Gesicht springen würde!«

HINEIN INS MEER DES HERZENS

3. **Wie Sie Ihr bestes Stück anbieten, zeigt Ihre Stärken und wie Sie sie anderen Menschen gegenüber zum Ausdruck bringen.** – Sind Sie bescheiden und lassen den Kunden eine eigene Meinung bilden?
Wollen Sie unbedingt einen Sieg erringen und setzen dem Kunden so lange zu, bis er das Stück schließlich kauft?
Oder setzen Sie den Preis herab? – Sie sollten sich nicht zu billig verkaufen.

4. **Die Verkaufszahlen sind eine Bewertung Ihrer sozialen Errungenschaften.** – Wenn Sie Ihre ganze Ware verkauft haben, mangelt es Ihnen nicht an Selbstbewußtsein. Doch Sie sollten die Leute mit Ihrer Forschheit nicht abschrecken.
Hatten Sie einen schlechten Tag? Vielleicht brauchen Sie nur einen Anstoß für Ihre Selbstwertschätzung. Seien Sie nicht zu streng mit sich, die Kunden riechen Selbstzweifel hundert Meter gegen den Wind!
Hatten Sie durchschnittliche Verkaufszahlen, so haben Sie Ihren Platz in der Welt gefunden und stehen mit beiden Beinen auf dem Boden, ohne sich zu unterschätzen. Das ist der Schlüssel zu langfristigem Erfolg auf diesem Gebiet.

Hinein ins Meer des Herzens

Nächtliches *Geflüster*

Bei Fledermäusen denken Sie sicherlich an dunkle Höhlen, an den schwarzen Nachthimmel und blutsaugende Vampire. Fledermäuse lösen Ängste und abergläubische Reaktionen aus, aber sie haben auch noch eine andere Seite. Obwohl sie Flügel haben, sind es Säugetiere wie wir und kümmern sich liebevoll und fürsorglich um ihre Jungen, und obwohl sie ein bißchen wild und unheimlich aussehen, ist ihr Sozialverhalten friedlicher als unseres. Wenn Sie also das nächste Mal eine Fledermaus sehen, denken Sie daran, daß sie mit der gleichen Faszination und mit der gleichen Angst auf Sie herunterschauen könnte, die Sie vor ihr empfinden.

Sie haben sich in einer großen Höhle verlaufen und irren durch die verzweigten, gewundenen Gänge. Auf Ihrer Suche nach dem Ausgang flattert eine Fledermaus auf und flüstert Ihnen etwas ins Ohr.

Was sagt dieses geheimnisvolle Tier zu Ihnen?

1. »Ich weiß, wo der Ausgang ist.«

2. »Ich zeige dir den Ausgang.«

3. »Such ruhig weiter!«

4. »Hier kommst du nie wieder raus!«

Die geheimnisvolle Fledermaus ist ein Symbol der Führung und Hilfe für die Verirrten und Strauchelnden. Was die Fledermaus Ihrer Vorstellung zu Ihnen sagt, gibt einen Hinweis darauf, wie Sie sich verhalten, wenn jemand Ihre Hilfe braucht.

1. **»Ich weiß, wo der Ausgang ist.«** – Sie sind ein Hansdampf in allen Gassen und Sie wissen immer über alles Bescheid. Natürlich helfen Sie gerne und stehen anderen mit Rat und Tat zur Seite, aber manchmal drängen Sie sich auch auf, wenn Ihre Hilfe gar nicht gebraucht wird.

2. **»Ich zeige dir den Ausgang.«** – Mit Ihrer Großherzigkeit und Selbstlosigkeit gehen Sie als leuchtendes Beispiel voran. Die Menschen spüren Ihre Stärke und Ihre Fürsorglichkeit und sind beruhigt, wenn Sie da sind, denn in einer schwierigen Lage wissen Sie, was zu tun ist.

3. **»Such ruhig weiter!«** – Aus Achtung vor der Privatsphäre anderer halten Sie sich zurück. Sie sind zwar hilfsbereit, tun aber im allgemeinen nur das Nötigste und ermutigen die anderen eher, selbst die Lösung für ein Problem zu finden. Dieses Prinzip der Nichteinmischung hilft anderen langfristig am besten, zu reifen und selbständig zu werden.

4. **»Hier kommst du nie wieder raus!«** – Sehen Sie jemanden auf dem Boden liegen, müssen Sie dem Impuls widerstehen, ihn zu treten. Vielleicht ist es ganz normal, daß man schadenfroh auf die Mißgeschicke der anderen schielt, aber das hilft niemandem weiter. Mit Ihrem Verhalten machen Sie sich nicht viele Freunde, und Ihre alten Freunde werden sich auch langsam von Ihnen abwenden. Geben Sie acht!

Waschtag

Auch wenn es heutzutage etwas altmodisch klingt, aber vor nicht allzulanger Zeit hat man die Wäsche noch im Freien zum Trocknen aufgehängt. Heute gibt es Trockner und bügelfreie Hemden, doch früher mußte man am Waschtag ein Auge auf das Wetter haben oder sich damit abfinden, daß man auch mal mit feuchten Hosen herumlaufen mußte.

Denken Sie zurück an die Zeit, als die Wäsche noch von Hand geschrubbt und zum Trocknen auf die Leine gehängt wurde. Sie haben haufenweise ungewaschene Wäsche und müßten dringend einen Waschtag einlegen, aber am Himmel hängen schwarze Regenwolken.

Was geht Ihnen durch den Kopf?

1.   »Das darf doch wohl nicht wahr sein! Soll ich etwa bis morgen mit dem Waschen warten? Und was soll ich bitte anziehen?«

2.   »Warten wir lieber noch ein Weilchen, vielleicht klart es ja wieder auf.«

3.   »Sieht so aus, als müßte ich heute nicht waschen.«

4.   »Ich wasche heute – egal, ob es regnet oder nicht!«

Wenn Sie sich zu stumpfsinniger Hausarbeit auch noch schlechtes Wetter dazudenken, dann haben Sie das beste Beispiel für ganz normalen Alltagsstreß.

Wie Sie sich einen Waschtag bei schlechtem Wetter vorstellen, ist ein Maß für den Streß, den Sie im Alltag empfinden.

1. **»Das darf doch wohl nicht wahr sein! Soll ich etwa bis morgen mit dem Waschen warten? Und was soll ich bitte anziehen?« – Streß-Level 80:** Sie lassen all die kleinen Dinge, die im Leben schiefgehen können und auch tatsächlich schiefgehen, an sich heran, und dann wird der Streß so groß, daß selbst die kleinste Widrigkeit dazu führen kann, daß Sie den ganzen Tag über mies gelaunt sind. Zeit, eine Pause einzulegen und sich zu entspannen, bevor der Streß Ihre Gesundheit angreift.

2. **»Warten wir lieber noch ein Weilchen, vielleicht klart es ja wieder auf.« – Streß-Level 50:** Sie machen sich nicht allzuviel Streß und sind zuversichtlich, auch wenn nicht alles nach Wunsch läuft. Arbeiten Sie weiter an den Problemen, die Sie lösen können, dann geht es Ihnen gut. Schließlich ist nicht jeder Streß automatisch negativ, manchmal kann er auch motivierend sein.

3. **»Sieht ganz so aus, als müßte ich heute nicht waschen.« – Streß-Level 0:** Über Nebensächlichkeiten regen Sie sich gar nicht erst auf. Ihre Lebensphilosophie könnte lauten: Man ändert die Dinge nicht, indem man sich über sie aufregt.

HINEIN INS MEER DES HERZENS

4. »Ich wasche heute – egal, ob es regnet!« – Streß-Level fast 100: Sie sind so gestreßt, daß Sie vor lauter Bäumen den Wald nicht mehr sehen und immer das Unmögliche erreichen wollen. Und wenn Sie scheitern, dann sind Ihre Probleme und Ihr Streß nur noch größer. Nehmen Sie sich einfach Zeit zum Entspannen und denken Sie in aller Ruhe über die Dinge nach, dann werden Sie feststellen, wieviel Kraft Sie vergeuden. Nehmen Sie das Leben leichter, werden Sie gelassener. Sie werden nicht daran sterben, wenn Sie das alte Paar Socken noch einen weiteren Tag tragen.

HINEIN INS MEER DES HERZENS

HINEIN INS MEER DES HERZENS

Das größte
Geheimnis

Niemand denkt gerne darüber nach, aber überlegen wir uns trotzdem einen Moment, was passiert, wenn wir tot sind. Gleitet die Seele hinüber in eine andere Welt? Oder ist der Tod das absolute Ende, die endgültige Auslöschung des Individuums? Glauben Sie, daß es Himmel und Hölle gibt? Oder daß die Seele in einem neuen Körper wiedergeboren wird? Schon seit Menschengedenken stellen wir uns diese Fragen, doch wir müssen immer wieder zugeben, daß wir es schlicht und ergreifend nicht wissen. Der Tod ist und bleibt das größte Geheimnis des Lebens.

Stellen Sie sich nun vor, daß Ihre Seele weiterlebt.

Welche Gestalt nimmt sie an, wenn sie das Gefängnis Ihres Körpers verlassen hat?

1. Die Seele sieht genauso aus wie
mein physischer Körper.

2. Die Seele behält Ihre körperliche Gestalt,
sie dehnt sich jedoch aus.

3. Die Seele sieht aus wie Mensch,
aber sie ist so klein wie ein Elfenwesen.

4. Die Seele ist wie ein Feuerball oder eine
Wolke ohne fest umrissene Form.

Das Bild, das Sie sich von der Seele machen, entspricht Ihrem Bild von sich selbst. Wie Sie sich Ihre Seele vorstellen, so sehen Sie sich selbst.

1. **Meine Seele sieht genauso aus wie mein physischer Körper.** – Sie besitzen etwas sehr Kostbares, nämlich Selbstwertschätzung. Sie nehmen sich mit all Ihren Fehlern und Schwächen an und lieben sich so, wie Sie sind. Halten Sie an dieser Liebe fest und entdecken Sie weiterhin viele neue liebenswerte Seiten an sich.

2. **Die Seele behält Ihre körperliche Gestalt, sie dehnt sich jedoch aus.** – Sie sind unzufrieden mit Ihrem momentanen Zustand. Sie wollen noch so vieles erleben und erreichen, und deshalb stellen Sie sich Ihr wahres Selbst, also Ihre Seele, größer vor, als Sie körperlich sind. Das vermittelt Ihnen ein Gefühl der Unvollkommenheit. Doch wenn Sie lernen, diese Unzufriedenheit zu lenken, kann sie ein Ansporn sein.

3. **Die Seele sieht aus wie Mensch, aber sie ist so klein wie ein Elfenwesen.** – Trotz all Ihrer guten Eigenschaften haben Sie immer noch nicht entdeckt, was in Ihnen steckt und was Sie so großartig macht. Sie sind nicht unzufrieden mit sich, aber Sie haben Selbstzweifel. Sie fragen sich: »Was mache ich falsch?«, aber Sie können nie mit dem Finger darauf deuten. Sie machen nichts falsch – Sie sind einfach ein Mensch und als solcher genauso unvollkommen wie jeder andere auch. Wenn Sie das akzeptieren, dann werden Sie entdecken, daß das Menschsein auch seine guten Seiten hat.

4. **Die Seele ist wie ein Feuerball oder wie eine Wolke ohne fest umris- sene Form.** – Sie sind weder deprimiert wegen Ihrer Schwächen, noch sind Sie stolz auf Ihre Stärken. Sie vergleichen sich auch nicht mit anderen, in Wirklichkeit interessieren Sie diese ichbezogenen Fragen gar nicht. Möglicherweise sind Sie einfach ein sehr oberflächlicher Mensch, oder aber Sie sind unglaublich weise. Aber auch das scheint Sie nicht sehr zu beschäftigen.

HINEIN INS MEER DES HERZENS

Ungeheuer

Ungeheuer. Wir alle benutzen diesen Begriff, doch wer hat eigentlich schon einmal wirklich ein Ungeheuer gesehen? Wenn man hundert Leute bittet, ein Ungeheuer zu zeichnen, bekommt man hundert verschiedene Bilder. Es gibt unzählige Arten von Ungeheuern. Manche sieht man im Kino und im Fernsehen, andere spuken durch unsere Träume, und wir lesen von ihnen in Märchen und Gruselgeschichten. Ungeheuer sind hundert Meter große Echsen oder auch Monster in Menschengestalt – dazwischen gibt es jede nur erdenkliche Form und Größe.

Wie stellen Sie sich ein Ungeheuer vor?

Dieses grauenerregende Ungeheuer stapft nun unaufhaltsam durchs Land und kommt direkt auf Sie zu. Es rast vor Zorn, es ist nicht mehr zur Vernunft zu bringen. Warum ist es so wütend?

1. Es hat Hunger und ist auf der Jagd nach Beute.

2. Es sucht seine verlorene Liebe.

3. Es ist verzweifelt, weil es so häßlich ist.

4. Es ist wütend auf die ganze Welt.

Das Ungeheuer Ihrer Phantasie ist eine Manifestation des Archetypus, der unter dem Jungschen Begriff »Schatten« zusammengefaßt wird und der die dunkle Seite eines Menschen darstellt. Wir alle haben einen Schatten. Die Wut des Ungeheuers kommt direkt aus jener Quelle, die uns im wirklichen Leben Streß verursacht.

1. **Es hat Hunger und ist auf der Jagd nach Beute.** – Das hungrige Ungeheuer ist Ihr Kampf gegen die Eßlust. Hatten Sie kürzlich mit einer Diät zu kämpfen? Es ist schwer, mit leerem Magen einen klaren Kopf zu bewahren. Halten Sie in allem Maß – auch im Maßhalten selbst! Besser, Sie gönnen sich gelegentlich einen Imbiß, anstatt den Hunger und den Druck so anwachsen zu lassen, daß Sie einen ganzen Ochsen vertilgen könnten.

2. **Es sucht seine verlorene Liebe.** – Das Ungeheuer, das wie verrückt nach seiner verlorenen Liebe sucht, weist darauf hin, daß Sie in Ihrem Liebesleben kürzlich Enttäuschungen erleben mußten. Doch denken Sie immer daran: Keine Liebe ohne Schmerz ... Selbst Graf Dracula hat einsame Nächte verbracht.

3. Es ist verzweifelt, weil es so häßlich ist. – Dies deutet darauf hin, daß Sie mit Ihrer äußeren Erscheinung nicht sehr zufrieden sind. Kleine Fehler wirken riesenhaft, wenn man sie durch die Lupe des eigenen, kritischen Auges betrachtet. Dieses negative Selbstbild beeinflußt andere bei der Wahrnehmung unserer selbst. Wer geliebt werden will, muß erst einmal sein eigenes Spiegelbild lieben lernen.

4. Es ist wütend auf die ganze Welt. – Sie scheinen pessimistisch zu sein. Ihr Glas ist nicht nur halb leer, auch das Bier ist warm und schmeckt schal. Es ist gut, wenn Ihnen Fehler auffallen, denen abgeholfen werden kann, aber durch Klagen allein verändern Sie die Welt nicht. Vielleicht können Sie lernen, diese Energie positiv umzuleiten.

Stellen Sie sich vor, Sie wären
Psychotherapeut

Wir entkommen unserem Wunschdenken nicht. Von Kindheit an hoffen und wünschen wir: Wenn ich doch größer wäre! Ich will ein neues Fahrrad. Hoffentlich verpatze ich das Diktat nicht! Der Wunsch nach einem besseren Leben steckt in uns allen. Einerseits führt er oft zu Frustration und einem Gefühl des Scheiterns, andererseits ist er auch der Motor unserer Erfolge. Natürlich schafft es keiner im Leben alleine. Jeder profitiert irgendwann von einem klugen Rat, einem netten Wort oder einer unverblümten Kritik.

Denken Sie daran, wie oft auch Sie schon mit der Unterstützung anderer eine Krise überstanden haben. Wäre es an Ihnen, jemandem zu helfen, welchen Beruf würden Sie ergreifen?

HINEIN INS MEER DES HERZENS

1. Sie sind Psychotherapeut mit einer eigenen Praxis. In welchem Zimmer würden Sie die Therapiesitzungen abhalten? Beschreiben Sie bitte den Raum.

2. Ihr erster Patient kommt. Welches Problem möchte er mit Ihnen besprechen, und welchen Rat geben Sie ihm?

3. Sie sitzen dem Patienten gegenüber und geben ihm professionellen Rat. Wie reagiert der Patient?

4. Die praktische Arbeit ist für heute vorbei. Nun sitzen Sie im Büro und erledigen die Schreibarbeit. Plötzlich platzt jemand herein. Wer ist diese Person, die Sie noch nach Feierabend aufsucht? (Nennen Sie den Namen einer Person, die Sie kennen.)

Wie kamen Sie mit den zu behandelnden Fällen klar? Der Patient in dieser Szene stellt jene Seite Ihrer selbst dar, die Hilfe und Führung braucht. Ihre Antwort verrät, was Ihnen fehlt.

1. **Das beschriebene Zimmer zeigt Ihnen, was Sie vermissen.** – Haben Sie sich einen ruhigen Raum vorgestellt, wo Sie sich zurückziehen und gründlich nachdenken können? Einen hellen Raum, aus dem man leicht ins Freie gelangt? Einen gemütlichen, heimeligen Raum, wo Sie sich geborgen fühlen? Oder einfach einen großen Raum, in dem Sie sich ausstrecken und entspannen können? Wo wären Sie am liebsten?

2. **Das Problem des Patienten ist auch Ihr eigenes.** – Haben Sie Probleme am Arbeitsplatz? Eine aussichtslose Liebschaft? Oder wollen Sie sich weiterentwickeln? Ihr Rat für den Patienten ist auch eine Antwort auf Ihr eigenes Problem, das Sie nun ganz objektiv und unbefangen angegangen sind. Doch können Sie Ihren eigenen Rat auch annehmen?

3. **Die Reaktion des Patienten auf Ihren Rat zeigt, ob Sie selbst einen guten Rat annehmen können.** – Hing der Patient an Ihren Lippen? Oder hat er Ihnen eigensinnig widersprochen und sich geweigert, sich die Worte in seinem eigenen Interesse zu Herzen zu nehmen? Oder hatten Sie das Gefühl, daß er Ihnen zugestimmt hat, den Rat aber sofort wieder vergessen hat, sobald er aus der Tür war?

4. **Jene Person, die in Ihr Büro geplatzt ist, verursacht Ihnen am meisten Streß und Sorgen.** – Trotzdem ist diese Person nicht notwendigerweise eine Belästigung oder jemand, dem Sie aus dem Weg gehen sollten. Mitgefühl ist ein Zeichen von Weisheit.

Innen
hohl

An manchen Tagen klappt einfach alles. Auf dem Weg zur Arbeit ist die Straße frei, Ihr Chef lobt Sie unerwartet, Sie gewinnen eine Wette. Und da jeder einzelne Fall eine angenehme Überraschung ist, sind Sie um so glücklicher. Doch dieses Glück wird schnell wieder getrübt, und die graue Realität holt Sie wieder ein, wenn Sie eine Laufmasche entdecken oder Ihre Lieblingskrawatte bekleckern. Doch diese kleinen Überraschungen, ob sie nun angenehm sind oder nicht, machen das Leben interessant.

Sie gehen in die Bäckerei an der Ecke und kaufen einen Berliner. Zu Hause beißen Sie hinein und stellen fest, daß das Wichtigste fehlt, nämlich die Marmelade.

Wie reagieren Sie auf diese unangenehme Überraschung?

1. Ich trage den hohlen Berliner zurück und tausche ihn um.

2. Ich sage mir: »So etwas kann passieren!« und esse den Rest trotzdem.

3. Ich esse etwas anderes.

4. Ich fülle den Berliner selbst mit Marmelade, damit er nach Berliner schmeckt.

Frage: Was ist ein Berliner ohne Marmeladefüllung?
Antwort: Eine böse Überraschung.
Und da wir schon mal von Überraschungen sprechen – Sie werden erstaunt sein, daß Ihre Reaktion auf diesen Berliner darauf verweist, welche Rolle Sie in Ihrem Freundeskreis spielen.

1. **Ich trage den hohlen Berliner zurück und tausche ihn um.** – Sie sind ein sehr besonnener Mensch. Sie lassen sich durch Zwischenfälle nicht aus dem Gleichgewicht bringen und reagieren nicht panisch auf böse Überraschungen. Doch Sie sind kein Mensch, der die Führung übernimmt und den Weg weist, sondern Sie unterstützen und beraten Führungspersönlichkeiten mit Ihrer klaren Urteilskraft und Ihrem kühlen Verstand.

2. **Ich sage mir: »So etwas kann passieren!« und esse den Rest trotzdem.** – Überraschungen bringen Sie nicht aus dem Konzept, Sie nehmen die Dinge, wie sie kommen. Ihre Geduld und Ihre Unkompliziertheit machen Sie zu einem sehr umgänglichen Menschen – man könnte sagen, Sie sind der Kitt, der den Freundeskreis zusammenhält. Da Sie jedoch nie Theater machen, geraten Sie in den Hintergrund und werden leicht übersehen. Aber mit Ihnen ist es wie mit der Luft zum Atmen: Wenn Sie nicht da sind, fehlt etwas.

3. **Ich esse etwas anderes.** – Sie sind entscheidungsfreudig und kurz entschlossen, Sie sind die geborene Führungspersönlichkeit. Wenn die Dinge aus dem Lot geraten und jemand gebraucht wird, der es wieder richtet und den Weg weist, dann laufen Sie zur Höchstform auf. Sie zögern und zaudern nicht, wenn es darum geht, ein Restaurant zu wählen oder einen Film auszusuchen – das Wort Unentschlossenheit kommt in Ihrem Vokabular nicht vor. Sie strahlen Vertrauenswürdigkeit und natürliche Autorität aus. Wenn Sie etwas sagen, hören die Leute Ihnen auch zu.

4. **Ich fülle den Berliner selbst mit Marmelade, damit er nach Berliner schmeckt.** – Mit Ihrer Erfindungsgabe sind Sie der Ideengeber in der Clique. Doch manchmal heben Sie ziemlich ab und sehen großartige Gelegenheiten, wo andere nur Schwierigkeiten wittern. Hin und wieder geht Ihre Kreativität mit Ihnen durch, und Sie wirken exzentrisch, doch Ihre Freunde fühlen sich in Ihrer Gesellschaft wohl und wissen, daß Sie immer für Abwechslung sorgen, was auch passieren mag.

AUFREGENDE PHANTASIEN UND VERBORGENE WÜNSCHE

AUFREGENDE PHANTASIEN UND VERBORGENE WÜNSCHE

Aufregende Phantasien und verborgene
Wünsche

▶ ▶ ▶ ▶

AUFREGENDE PHANTASIEN UND VERBORGENE WÜNSCHE

Die tollste Fahrt
Ihres Lebens

Sie kennen das sicher: Man lebt glücklich vor sich hin, eigentlich läuft alles bestens – doch plötzlich kommt einem das Leben wie die langweilige Wiederholung eines immergleichen Alltags vor.

Und selbst, wenn man im Grunde genau weiß, daß man froh sein muß, ein ganz normales Leben führen zu können – die Monotonie läßt es bisweilen seltsam stumpf und schal erscheinen.

Dabei kennt jeder von uns den Ausweg aus dieser Eintönigkeit: Aufregung und Spannung schaffen, träumen. Nur weil wir das können, sind wir überhaupt in der Lage, wieder dankbar zu sein für ein ganz gewöhnliches Leben.

Aufregung, Spannung, Träume ... Welche Möglichkeiten haben wir, die phantastischen, aufregenden Seiten des Lebens kennenzulernen, ihre Reize auszukosten? Ins Kino gehen, reisen, sich beim Sport verausgaben oder ins Glücksspiel stürzen ...?

Wie wäre es zunächst einmal mit einem Besuch auf dem Rummelplatz? Hier sind Aufregung und Phantasie vereint, hier können wir beides erleben. Kehren Sie in die Welt Ihrer Kindheit zurück, und stürzen Sie sich ganz unbefangen ins Vergnügen!

AUFREGENDE PHANTASIEN UND VERBORGENE WÜNSCHE

1. Sie sind auf einen Rummelplatz gegangen und gleich auf die Achterbahn zugestürzt, die Sie schon von weitem entdeckt hatten. Wie lange brauchen Sie, bis Sie in einem der Wagen sitzen?

2. Endlich sitzen Sie im Wagen. Die Achterbahn fährt los, wird schneller und schneller, der Wind streicht an Ihren Wangen vorbei. Wie fühlen Sie sich jetzt?

3. Nach einer Weile stürzt die Achterbahn geradewegs in einen See, Wasser spritzt, Sie werden naß. Was rufen Sie aus?

4. Als nächstes gehen Sie zum Karussell. Aber plötzlich hört ausgerechnet das Pferd auf, sich zu bewegen, auf dem Sie sitzen. Was sagen Sie zu dem kaputten Pferd?

5. Sie waren mit der Fahrt auf der Achterbahn unzufrieden. Zeichnen Sie nun genau den Verlauf einer Achterbahn vom Start bis zum Ziel auf, den Sie als ideal bezeichnen würden.

AUFREGENDE PHANTASIEN UND VERBORGENE WÜNSCHE

Haben Sie den Besuch auf dem Rummelplatz Ihrer Träume genossen?
Sie können dadurch einiges über Ihre Einstellung zum Sex erfahren:

1. Die Zeit, die Sie brauchen, bis Sie einsteigen – **Dauer des Vorspiels**. Alles, was sich rhythmisch auf und ab bewegt, drückt sexuelle Erregung aus. Die Wartezeit, die Sie sich vorgestellt haben, ist die Zeit, die Sie für das Vorspiel brauchen, oder die Zeit, die Sie sich gerne dafür nehmen würden.

2. Ihr Gefühl auf der Achterbahn – **Ihr Gefühl beim Sex**. Die schneller werdende Achterbahn drückt die steigende Erregung aus. Das Gefühl, das Sie dabei haben, gibt Aufschluß über das Gefühl, das Sie während des Geschlechtsaktes haben.

3. Ihr Ausruf, wenn Sie mit der Achterbahn in den See stürzen – **Ihr Ausruf im Moment der Ekstase**. Nach Jung steht Wasser für die Quelle des Lebens. Der Moment, in dem man ins Wasser stürzt, bezeichnet den Moment größter Lust, den sexuellen Höhepunkt. Hier können Sie hören, was Sie im Moment der Ekstase ausrufen.

AUFREGENDE PHANTASIEN UND VERBORGENE WÜNSCHE

4. Ihre Reaktion gegenüber dem kaputtgegangenen Karussellpferd – **Ihre Reaktion sich selbst gegenüber, wenn es mit dem Sex einmal nicht so geklappt hat (Männer), bzw. Ihre Reaktion Ihrem Partner gegenüber, wenn es mit dem Sex einmal nicht so geklappt hat (Frauen).**

Das Pferd ist Symbol des Sexualtriebs, es symbolisiert gewissermaßen die Männlichkeit als solche. Versagt es seinen Dienst, so versinnbildlicht das einen fehlgeschlagenen Versuch, Sex zu haben.

Handelt es sich bei dem Befragten um einen Mann, so drückt seine Antwort aus, was er zu sich selbst sagen würde, wenn es mit dem Sex nicht geklappt hat.

Handelt es sich um eine Frau, ist es das, was sie in einer solchen Situation zu ihrem Partner sagen würde.

5. Ihre Verlaufsskizze einer Achterbahnfahrt – **Sex, wie Sie ihn sich wünschen.** Das Auf und Ab der Achterbahn versinnbildlicht die sexuelle Erregung. Die Skizze, die Sie von einer perfekten Fahrt auf der Achterbahn gezeichnet haben, zeigt den Verlauf des für Sie idealen Liebesaktes (Orgasmus-Kurve) an.

AUFREGENDE PHANTASIEN UND VERBORGENE WÜNSCHE

Süße
Erinnerungen

Warum rühren uns Kindheitserinnerungen so tief an? Warum wühlt es uns auf, wenn wir an die guten alten Zeiten zurückdenken? Ist es das Gefühl, wieder unschuldig zu sein? Oder einfach die Lust, sich wieder jung zu fühlen? Damals war jedes Spielzeug, jede Puppe, jedes Spiel eine besondere Kostbarkeit. Die Sammelleidenschaft für Antiquitäten oder persönliche Erinnerungsstücke ist in der Faszination begründet, die diese Schätze in unserer Kindheit für uns hatten, und in dem Wunsch, die Vergangenheit wieder aufleben zu lassen, wenn auch nur für kurze Zeit.

Unsere nächste Reise führt uns zurück in unsere Kindheit und in den Süßwarenladen an der Ecke. Vielleicht entdecken Sie sich ja selbst inmitten all der angebotenen Leckereien.

1. Im Süßwarenladen Ihrer Kindheit gibt es ganze Regale voller Schokolade, Gläser mit Bonbons, Kaugummis und Zuckerstangen. Welche Süßigkeit wählen Sie aus und warum? (Begründen Sie Ihre Wahl bitte ausführlich.)

2. Während Sie durch den Laden gehen und die Ware aussuchen, sehen Sie vor dem Schaufenster einen Schwarm Kinder, die gleich in den Laden stürmen. Wie viele Kinder kommen herein?

AUFREGENDE PHANTASIEN UND VERBORGENE WÜNSCHE

3. Sie machen Ihre Einkäufe und kommen mit einer Tüte voller Süßigkeiten nach Hause. Beim Auspacken sehen Sie, daß der Ladeninhaber Ihnen noch ein paar Bonbons extra in die Tasche gesteckt hat. Wie viele Bonbons haben Sie bekommen?

4. Sie überlegen, ob Sie die Süßigkeiten verschenken sollen. Falls Sie es tun, wer bekommt sie?

Das Thema Süßigkeiten verweist auf die Zeit in Ihrem Leben, als Sie immer mal wieder eine Schleckerei bekommen haben und sich verwöhnen lassen durften. Die Szene verrät, was Sie von anderen erwarten und inwieweit Sie sich auf andere verlassen.

1. **Was haben Sie aus dem schier endlosen Angebot gewählt?** Und vor allem warum? Ihre Begründung spiegelt wider, was Sie sich von anderen wünschen.

Wenn Sie dachten: »Ich nehme das Überraschungsei«, dann mögen Sie es, wenn man Ihnen Geschenke macht – und umgekehrt mögen Sie es weniger, wenn Leute mit leeren Händen kommen. Doch seien Sie nicht zu materialistisch. Es gibt im Leben noch mehr als Sammelkarten, Plastikmännchen und Ringchen aus dem Kaugummiautomat.

Gaben Sie an, daß Sie die eine oder andere Süßigkeit aus Sentimentalität nahmen, wünschen Sie sich die gleiche Aufmerksamkeit und Liebe, die Sie als Kind auch von Ihrer Mutter bekommen haben. Männer dieser Kategorie könnte man als Muttersöhnchen bezeichnen.

Falls Sie Ihre Wahl aufgrund äußerer Merkmale trafen, zum Beispiel weil die Verpackung Sie angesprochen hat und weil sie »toll« aussah, dann urteilen Sie oft nach der äußeren Erscheinung. Doch denken Sie daran - Sie wollen die Süßigkeit essen, nicht die Verpackung.

2. **Die Anzahl der Kinder,** die während Ihres Einkaufs den Laden betraten, ist die Anzahl der Menschen, auf die Sie sich gerne verlassen möchten. Wir alle brauchen Unterstützung, sei es Hilfe bei der Arbeit oder Ermutigung durch die Menschen, die wir lieben. Man kann nicht ganz alleine durchs Leben gehen, aber wer sich zu sehr auf andere verläßt, erreicht nur schwer persönliche Unabhängigkeit.

3. **Die Anzahl der Extra-Bonbons** zeigt, wie sehr Sie noch immer an Ihrer Mutter hängen. Genau die gleiche Aufmerksamkeit, die Ihnen der Ladeninhaber schenkte, wünschen Sie sich von Ihrer Mutter. Die meisten Erwachsenen würden antworten: zwei oder drei. Doch wenn Sie zehn oder zwanzig angaben, dann sollten Sie langsam versuchen, Ihre Flügel ein wenig auszustrecken und flügge zu werden.

4. **Wem würden Sie die Süßigkeiten schenken?** – Die genannte Person wollen Sie von sich abhängig machen, Sie würden sie gerne umsorgen. Gaben Sie Ihren Eltern die Bonbons, so wird sich Ihr Wunsch vielleicht schneller erfüllen, als Ihnen lieb ist.

Gaben Sie die Süßigkeiten Ihrem Partner oder einer Person, die Sie insgeheim sehr mögen? Es wäre sicher schön, ein paar Tage für sie zu sorgen, doch das läßt normalerweise schnell wieder nach. Überlegen Sie sich gut, was Sie sich wünschen, denn Sie könnten es eines Tages auch bekommen.

Oder antworteten Sie, daß Sie die Süßigkeiten behalten würden? Sie ziehen es vor, weitgehend ungebunden zu leben; Sie verlangen von anderen nicht viel und wollen auch nicht, daß jemand zuviel von Ihnen verlangt. In Ihrem Einzelgängerdasein müssen Sie mit anderen nichts teilen, aber das heißt auch, daß andere nichts mit Ihnen teilen.

Aufregende Phantasien und verborgene Wünsche

AUFREGENDE PHANTASIEN UND VERBORGENE WÜNSCHE

Im
Konzert

Ein Konzertbesuch ist immer etwas Besonderes, Sie sind gespannt und voller Erwartungen. Stellen Sie sich vor, ein einziges Mal in Ihrem Leben Virtuose in einem Symphonieorchester zu sein.

Welches Instrument würden Sie spielen?

1. Geige

2. Kontrabaß

3. Trompete

4. Flöte

AUFREGENDE PHANTASIEN UND VERBORGENE WÜNSCHE

Musikinstrumente symbolisieren die Vertreter des anderen Geschlechts. Die Wahl des Instruments verweist auf die Art des Liebesspiels, das Sie für Ihre besondere Stärke halten, und die Beziehung zum Instrument zeigt, wie Sie sich selbst wahrnehmen, wenn Sie die Melodie der Liebe anstimmen.

1. **Geige** – Das Geigenspiel verlangt Fingerspitzengefühl und Gewandtheit im Umgang mit dem Bogen, wenn die Saiten klingen sollen. Geschickt finden Sie die erogenen Stellen Ihres Partners und spielen gefühlvoll damit. Es ist aufregend, wie Ihre Hände über die vertrauten Saiten tasten und eine wunderschöne Musik erklingen lassen.

2. **Kontrabaß** – Sich hinter dieses große Instrument zu stellen und ihm einen dröhnenden Klang zu entlocken, verleiht ein Gefühl der Macht. Im Liebesspiel übernehmen Sie gerne die Kontrolle, Sie machen Ihren Partner Ihrem Willen gefügig und erregen ihn zu Sinnenfreuden, die er sich nie erträumt hätte. Sie fackeln nicht lange – doch Ihr dominantes Wesen macht Sie unwiderstehlich.

3. **Trompete** – Ganz klar: Ihr Mund ist Ihre stärkste Waffe. Ob Sie nun Ihrem Partner süße Worte ins Ohr flüstern oder seinen Körper mit den Lippen erforschen – Sie haben alle Wesenszüge einer oralen Persönlichkeit.

4. **Flöte** – Die Flöte verlangt größte Geduld und ist von allen Instrumenten am schwierigsten zu spielen. Mit Beharrlichkeit, Entschlossenheit und Ausdauer locken und verführen Sie, und was Ihr Partner erst für ein kleines Zwischenspiel hielt, wächst sich schnell zu einem Concerto grosso in vier Sätzen aus.

AUFREGENDE PHANTASIEN UND VERBORGENE WÜNSCHE

In freier
Wildbahn

Im Zoo wirken Tiger oder Panther fast zahm; als wäre ein Teil ihrer Wildheit verlorengegangen. Selbst große Tiere wie Elefanten oder Grizzlys sehen im Käfig ganz klein aus. Vielleicht sind Safaris durch Nationalparks deshalb so beliebt, weil die Tiere in ihrer natürlichen Umgebung wesentlich größer und wilder wirken und der Nervenkitzel um so größer ist, wenn nur eine dünne Glasscheibe Sie vom hungrigen Löwen trennt.

Sie sind auf einer Safari und fahren durch die Savanne. Abseits des Pfads sehen Sie ein Löwenpärchen beim Fressen; gierig reißen und verschlingen die Tiere rohes Fleisch. Was denken Sie, wenn Sie diese Szene voll ungezähmter Wildheit beobachten?

AUFREGENDE PHANTASIEN UND VERBORGENE WÜNSCHE

Bei einer Safari können Sie gefährliche Wildtiere aus sicherer Entfernung beobachten. Die fressenden Löwen symbolisieren ungehemmte Triebe. Was Sie darüber denken, verrät, wie Sie reagierten, als Sie zum erstenmal ein Pornovideo gesehen haben, beziehungsweise Ihre Reaktion, wenn Sie zum erstenmal ein solches sehen würden.
Wie lautet Ihre Antwort?

1. »Hey, sieh dir das an! Ich glaube, ich bekomme auch gleich Hunger!« – Da muß man nicht viel daran herumdeuten, oder?

2. »Das ist ja ekelhaft! Das will ich gar nicht sehen!« – Wer hat denn behauptet, daß es appetitlich sein würde?

3. »Ich habe Angst!« – Ein wenig Angst zu haben ist ganz normal. Doch solange Sie hinter der Glasscheibe bleiben, haben Sie nichts zu befürchten.

4. »Meine Güte, warum soll ich mir diese intime Szene ansehen und die armen Dinger bei ihren Verrichtungen stören?« – Sie sind sehr diskret. Aber sind Sie sicher, daß Sie nicht doch noch ein bißchen länger zuschauen wollen?

AUFREGENDE PHANTASIEN UND VERBORGENE WÜNSCHE

Im Spinnennetz
gefangen

Spinnen werden unterbewußt mit einem Angst- und Grauen-
muster besetzt, das ihrer Kleinheit absolut nicht angemessen ist. Vielleicht liegt es daran, daß sie so gute Jäger sind, an ihrer Geduld, wenn
Sie auf der Lauer liegen, oder an ihrer Fähigkeit, raffinierte Netze zu
weben und ihre Beute in die Falle gehen zu lassen. Jedenfalls wecken
Spinnen bei fast allen Menschen sehr gemischte und sehr starke
Gefühle.

Stellen Sie sich vor, Sie wären eine Spinne und säßen in der Mitte
Ihres großen Netzes.

Für diese Szene brauchen Sie Stift und Papier.

1. Zeichnen Sie Ihr Netz und die Insektenarten
sowie die Anzahl der Beuteopfer, die Sie schon
gefangen haben.

2. Sie wollen gerade zu Ihrer Beute krabbeln und es
sich schmecken lassen, da kann Ihr Opfer sich
befreien und entkommt. Der glückliche Käfer wuselt
schnell davon und entbietet Ihnen noch einen
Abschiedsgruß. Was sagt er?

AUFREGENDE PHANTASIEN UND VERBORGENE WÜNSCHE

Die Spinne ist eine große Jägerin der Natur. Wie Sie sich Ihr Leben als Spinne vorstellen, verrät, welche Erfahrungen Sie als Jäger oder Jägerin in Sachen Liebe gemacht haben.

1. Die Insektenarten und die Anzahl der Beuteopfer entspricht Ihren Eroberungen. Das Netz steht für Ihre Strategien, Menschen zu verführen, und die Insektenarten stellen Ihre Ansichten über verflossene Liebschaften dar.

Haben Sie eine gemeine Stubenfliege gefangen? Einen hübschen Schmetterling, der Sie aber nicht satt macht? Eine fette Raupe? Oder einen ekligen Haufen Schnaken, Schaben und Würmer, die im Netz herumwuseln, während Sie sich darauf vorbereiten, sie zu verschlingen? Es soll Spinnen geben, die alles fressen.

2. Die Abschiedsworte des entwischten Käfers sind Erinnerungen an eine Zurückweisung. Seien wir doch ehrlich – wir alle mußten schon mal einen Korb einstecken.

Was der Käfer sagt, trifft so ziemlich die damalige Situation.

»Du kriegst mich nie, du häßliche alte Spinne!« – Autsch!

»Vielleicht hast du nächstes Mal mehr Glück.« – Na ... danke jedenfalls für die guten Wünsche!

»Hurra! Ich bin frei! Frei, frei!« – Ist ja gut, du bist frei. Aber das ist doch noch lange kein Grund, so ein Theater zu machen!

AUFREGENDE PHANTASIEN UND VERBORGENE WÜNSCHE

Was wohl
darin steckt?

Bei dem Begriff »Ei« denken die meisten Menschen an ein Hühnerei, und das bedeutet vor allem Nahrung. Rühreier, hartgekochte Eier, Spiegeleier, Eierpfannkuchen, zu Kuchenteig verarbeitet oder einfach roh und ausgeschlürft – es gibt endlose Variationen von Eierspeisen. Eier sind etwas Alltägliches, und doch haftet ihnen ein Geheimnis an. Vielleicht weil ihr Inhalt in einer geschlossenen Schale ohne Nähte und Öffnungen verborgen ist. Oder weil der goldgelbe Dotter in einer ganz weißen Schale steckt. Jedenfalls ist ein Ei mehr, als man mit bloßem Auge sehen kann.

Stellen Sie sich ein Ei vor, ein Ei von beliebiger Form, Farbe, Größe und Art.

Was für ein Ei ist es?

1. Ein Schlangenei.

2. Das Ei einer Schildkröte.

3. Das Ei eines Dinosauriers.

4. Ein Hühnerei.

Das Ei ist nicht nur eine hervorragende Eiweißquelle, es ist auch ein Symbol für eigene Kinder und kommende Generationen. Welches Ei Sie gewählt haben, spiegelt wider, was Sie sich für Ihre eigenen Kinder wünschen und erhoffen.

1. **Ein Schlangenei.** – Die Schlange symbolisiert Weisheit und Reichtum – beides wünschen Sie Ihren Kindern. Doch Sie sollten es nicht übertreiben und immer daran denken, daß Ihre Kinder vor allem eins von Ihnen wollen: Liebe.

2. **Das Ei einer Schildkröte.** – Die Schildkröte steht für Gesundheit und ein langes Leben. Das wünschen Sie sich auch für Ihre Kinder.

3. **Das Ei eines Dinosauriers.** – Ihre Kinder sollen zu einzigartigen Individuen heranwachsen, sie sollen sich nicht zu sehr an Schule, Arbeitsplatz und Gesellschaft anpassen. Und wenn sie Fehler machen sollten, dann hoffen Sie, daß es wenigstens originelle Fehler sind. Eine bewundernswerte Einstellung – doch denken Sie daran, daß Kinder auf ihrem Weg zur Unabhängigkeit zuerst einmal gegen ihre eigenen Eltern rebellieren.

4. **Ein Hühnerei.** – Sie haben keine hochfahrenden Träume und keine ehrgeizigen Pläne mit Ihren Kindern. Für Sie zählt nur, daß sie glücklich sind. Ihnen Geborgenheit zu geben und die Freuden eines ganz normalen Lebens zu schenken ist Ihnen genug. Dazu ein praktischer Rat: Es ist nicht falsch, normal zu sein, aber es ist auch nicht falsch, Träume zu haben und große Hoffnungen in seine Kinder zu setzen – sie sind es schließlich wert.

AUFREGENDE PHANTASIEN UND VERBORGENE WÜNSCHE

Wie ein Affe
im Käfig

Die Augen sind der Spiegel der Seele, sagt man, und das gilt nicht nur für Menschen, sondern auch für Tiere. Wenn Sie einem netten Hund in die Augen schauen, dann sehen Sie, daß er mit Ihnen spielen will, wenn Sie einer Katze in die Auge schauen, dann blickt sie mit kühler Gleichgültigkeit zurück. Wie die Menschen haben auch Tiere Gefühle und Wesensarten. Wenn wir die Augen aufmachen, sehen wir, wie ähnlich uns Tiere im Grunde sind.

Sie spazieren durch den Zoo und beobachten die Tiere in den Gehegen. Vor einem Affen, der alleine in seinem Käfig sitzt, bleiben Sie stehen. Ihre Blicke treffen sich. Der Affe scheint Ihnen etwas sagen zu wollen.

Was sagt er?

Bei eingesperrten Tieren denkt man an den Verlust von Freiheit und an den Zwang, der unseren natürlichen Trieben durch die Gesellschaft auferlegt wird. Da Affen so menschlich wirken, können wir uns besonders leicht mit ihnen identifizieren und uns in sie einfühlen.

Was der Affe Ihnen mitteilen will, entspricht Ihren wahren Gefühlen in bezug auf die Einschränkungen Ihrer Freiheit; es sind genau die Worte, die Sie über eine Gruppe oder das soziale System, das Ihr Leben bestimmt, gerne sagen würden, aber nicht können.

Klingt eine der folgenden Antworten vertraut?

1. **»He, du, ich will eine Banane!«** – Sie sind leicht zufriedenzustellen und somit auch leicht zu lenken. Erwarten Sie ruhig mehr vom Leben. Sie werden überrascht sein, wieviel Sie anderen Menschen wert sind. Und wer weiß – vielleicht bekommen Sie ja sogar zwei Bananen.

2. **»Na, komm schon, geh weiter, hier gibt's nichts zu glotzen!«** – Der Druck, sich den gesellschaftlichen Erwartungen entsprechend zu verhalten, macht Ihnen weniger aus als der Mangel an Intimsphäre. Aber ziehen Sie sich doch einfach von Zeit zu Zeit mit Ihren Gedanken zurück. Sie sind nur ein Affe von vielen, der Zoo kommt auch eine Weile ohne Sie aus.

3. **»Ich werde noch verrückt in diesem Käfig! Hol mich hier raus!«** – Sie sind reif für die Insel. Als approbierter Kokologe verschreibe ich Ihnen einen schönen, langen Urlaub.

AUFREGENDE PHANTASIEN UND VERBORGENE WÜNSCHE

Ein echtes
Abenteuer

Haben Sie schon mal ein richtiges Abenteuer erlebt, wie man es in Büchern liest oder auf der Leinwand sieht? Eine Geschichte voller Spannung, wo alles Spitz auf Knopf steht und Ihr Leben am seidenen Faden hängt, und das alles gewürzt mit einer nervenaufreibenden Romanze – na, wie klingt das?

1. Sie sind Ritter in einem sagenhaften Königreich und wurden auserwählt, einen großen Helden auf einer äußerst wichtigen Mission zu begleiten, nämlich einen gestohlenen Schatz zu suchen und zurückzuholen. – Was sagt der Held kurz vor dem Aufbruch ins Feindesland zu Ihnen?

2. Der König läßt Sie rufen und überreicht Ihnen ein Schwert, das Ihnen helfen soll, das Abenteuer zu bestehen. Wie sieht das Schwert aus?

3. Sie müssen über hohe Berge und durch dichte, urwüchsige Wälder wandern, Sie müssen viele Hindernisse überwinden und große Gefahren meistern. Schließlich erreichen Sie die Höhle, wo der Schatz versteckt ist. – Wie viele Feinde haben Sie auf Ihrem Weg getroffen?

4. Sie gehen in die Höhle und finden den Schatz. – Was lesen Sie in jenem Moment im Gesicht des Helden, den Sie begleitet haben?

Indem Sie in die Rolle eines Ritters schlüpfen, der mit einer höchst wichtigen Mission betraut ist, fühlen Sie auch den Stolz des Mannes, in den so viel Vertrauen gesetzt und dem so viel Verantwortung übertragen wurde.

1. **Was der ehrenwerte Held zu Ihnen sagt, beeinflußt Ihren Stolz, es trifft Sie an einer empfindlichen Stelle und spornt Sie an.** – Ermutigt er Sie? »Vertrau mir!«, »Ich zähle auf dich!« oder einfach: »Wir müssen am gleichen Strang ziehen.« – Mit ähnlichen Worten wollen auch Sie um Hilfe gebeten werden.

Oder ist er abweisend? »Steh mir bloß nicht im Weg rum!« oder: »Wenn du einen Rückzieher machen willst, so ist jetzt die letzte Gelegenheit.« – Sie haben offenbar ein Herz für Rauhbeine.

2. **Das Schwert, das Sie vom König bekommen, symbolisiert Ihr Ehrgefühl.** – Ist es ein meisterhaft geschmiedetes Stück mit glänzender Klinge oder ein rostiges altes Teil, mit dem Sie kaum eine Ratte erlegen könnten?

AUFREGENDE PHANTASIEN UND VERBORGENE WÜNSCHE

3. **Die Anzahl der Feinde entspricht der Anzahl der Hindernisse und Gefahren, die Sie bislang auf Ihrem Lebensweg überwinden mußten.** Je größer die Zahl, desto größer ist auch Ihr Stolz und Ihr Vertrauen in Ihre Fähigkeiten. – Wie viele waren es?

Ein paar hundert? – Nun, mit Selbstbewußtsein sind Sie reichlich ausgestattet. Aber nach all den bestandenen Abenteuern haben Sie auch allen Grund dazu.

Einer oder zwei? – Sie sind nicht gerade ein Abenteurer. Brauchen Sie vielleicht noch ein bißchen mehr Lebenserfahrung, um Selbstvertrauen zu gewinnen?

4. **Wie reagierte der Held, als der gestohlene Schatz wiedergefunden war?** – Der große Held, der Sie in dieses Abenteuer geführt hat, trägt jene Züge, die Sie bei den Vertretern des jeweils anderen Geschlechts am meisten bewundern (dabei ist es unwichtig, welches Geschlecht Sie dem Helden zugedacht haben).

Der Gesichtsausdruck des Helden gleicht jenem, den Sie bei einer Frau oder einem Mann am attraktivsten finden.

Ein breites Grinsen? Ein stolzer, selbstzufriedener Blick? Pure Erleichterung? Tränen der Freude?

Behalten Sie diesen Gesichtsausdruck in Erinnerung. Eines Tages wird Sie vielleicht jemand damit erobern.

AUFREGENDE PHANTASIEN UND VERBORGENE WÜNSCHE

Die Kirschen in
Nachbars Garten

Wer nett ist, ist auch beliebt. Die meisten von uns versuchen natürlich, sich richtig zu verhalten. Doch warum gibt es dann nur so wenige Menschen, die das auch immer und überall schaffen? Egal, wie sehr man sich anstrengt, es gibt immer Tage und Momente, wo es einfach dumm läuft und man sich danebenbenimmt. Ob wir nun auf der Autobahn rasen, bei der Klausur abschreiben oder mal ein paar Stifte aus dem Büro mitgehen lassen – wir alle haben schon Dinge getan, auf die wir alles andere als stolz sind und die wir auch nicht entschuldigen können. Um ein wirklich guter Mensch zu werden, darf man nicht versuchen, ein Engel zu sein, wenn der Teufel einem schon im Nacken sitzt, sondern man muß die schlechten Seiten seiner Persönlichkeit annehmen und sich damit abfinden, daß niemand vollkommen ist. Jeder erliegt mal der Versuchung, auch wenn er das nicht unbedingt an die große Glocke hängen muß.

In der nächsten Szene aber werden Sie vielleicht erwischt ...

1. Auf einem Spaziergang sehen Sie in einem Garten einen Baum, prallvoll mit köstlichen roten Kirschen. Das Wasser läuft Ihnen im Mund zusammen. Niemand sieht Sie, und nur ein Zaun trennt Sie von einem kleinen Gratis-Imbiß. Wie hoch ist der Zaun?

2. Sie schleichen in den Garten und bedienen sich. Wie viele Kirschen essen Sie?

AUFREGENDE PHANTASIEN UND VERBORGENE WÜNSCHE

3. Plötzlich taucht aus dem Nichts der Nachbar auf und schreit Sie an. Was bringen Sie zu Ihrer Verteidigung vor?

4. Wie haben die Kirschen in all der Aufregung geschmeckt? Und was halten Sie in der Rückschau, nachdem alles vorbei ist, von Ihrem Abenteuer?

AUFREGENDE PHANTASIEN UND VERBORGENE WÜNSCHE

Die saftigen roten Kirschen sind ein Symbol erotischer Anziehung.
Wie Sie dieses Abenteuer erleben, verweist auf Ihre Haltung gegen-
über Seitensprüngen und Affären.

1. **Die Höhe des Zauns gibt einen Hinweis auf Ihre Selbstbeherrschung
und Ihren Widerstand gegen erotische Versuchungen.** – Je höher der
Zaun, desto größer Ihr Widerstand. Wer sich einen hermetisch
geschlossenen Garten vorgestellt hat, ist ein Wunder an selbstauferlegter Zurückhaltung. Wer nur ein paar halbhohe Latten gesehen hat,
riskiert schnell, im Feuer der Liebe zu verbrennen.

2. **Die Anzahl der stibitzten Kirschen gibt die Zahl der Menschen wider,
denen Sie zu bestimmten Zeiten in Liebe (oder Lust) zugetan sind.** –
Wenn Sie nur eine Kirsche naschten, dann sind Sie sehr wahrscheinlich
treu (oder zumindest bei Ihrem zeitweiligen Partner überzeugter
Monogamist). Gaben Sie eine zweistellige Zahl an, sollten Sie ernsthaft
erwägen, Ihrer Libido von Zeit zu Zeit die Zügel anzulegen, denn
irgendwann könnte Ihre Kondition nicht mehr mitspielen.

3. **Die Entschuldigung, die Sie dem Nachbarn gegenüber vorbringen, ist
eine Rechtfertigung, wenn Sie bei einem Seitensprung ertappt werden.** – »Oh, es tut mir so leid! Ich tu's nie wieder!« Manchmal ist ein
volles Geständnis und das Versprechen, sich zu bessern, die beste
Möglichkeit, sich aus der Affäre zu ziehen.
»Die Kirschen haben so lecker ausgesehen, ich konnte einfach nicht
widerstehen.« Auch wenn die Kirschen Ihnen nicht zustehen – ehrlich
währt am längsten. Sie können es noch weit bringen.

AUFREGENDE PHANTASIEN UND VERBORGENE WÜNSCHE

»Hach, diese Kirschen schmecken einfach toll! Könnte ich wohl noch eine Handvoll bekommen?« Manch ein Kleingärtner dürfte da mit der Mistgabel auf Sie losgehen – und der Ehepartner mit seinem Rechtsanwalt ... Also überlegen Sie sich gut, was Sie sagen!

4. **Wie Sie Ihr Abenteuer empfanden und wie Sie den Geschmack der Kirschen beschreiben, so sehen Sie sich selbst, wenn Sie an eine verflossene Affäre zurückdenken.** – »Eigentlich haben sie gar nicht so gut geschmeckt, wie sie ausgesehen haben, die ganze Sache war der Mühe nicht wert!« Das gilt für die meisten Affären. Jetzt wissen Sie's. Schreiben Sie es sich hinter die Ohren.
»Süß! Saftig! Noch nie habe ich so etwas Köstliches gegessen!« Gut – Themenwechsel. Offensichtlich brauchen Sie Ihre Affären.
»Die Kirschen waren nichts Besonderes, aber die ganze Sache hat Spaß gemacht.« Statistisch gesehen gehören Sie zu den extrem gefährdeten Wiederholungstätern.

Aufregende Phantasien und verborgene Wünsche

AUFREGENDE PHANTASIEN UND VERBORGENE WÜNSCHE

Beim
Boxkampf

Muskelpakete, Nase an Nase – vierschrötige Kerle sind kurz davor, sich im Ring den Fight des Jahrhunderts zu liefern. Sie funkeln sich drohend an und stapfen im Ring herum wie Tiger im Käfig. Die Menge grölt und wartet nur darauf, daß ihre Gewaltphantasien endlich ausgelebt werden.

Kein anderes Sportereignis spricht diese primitiven Triebe mehr an als der Boxkampf. Auch wenn wir darüber lachen oder nur den Kopf schütteln – die Popularität dieser Sportart ist auch bei uns enorm.

Welcher Typ von Boxer wären Sie, wenn Sie die Möglichkeit hätten, einmal in den Ring zu springen?

1. Ein Riese und Quetscher, der seine Gegner mit bloßer Körperkraft unterwirft und zermalmt.

2. Ein technisch gewitzter Zauberer, der jeden Gegner mit neuen Schlägen fertigmacht.

3. Ein hinterhältiger Typ, der unzulässige Griffe und Kniffe anwendet, sobald der Schiedsrichter ihm den Rücken zudreht.

4. Ein ausdrucksloser Kämpfer mit steinhartem Gesicht, der keinen Schmerz und keine Gefühle zeigt.

AUFREGENDE PHANTASIEN UND VERBORGENE WÜNSCHE

Sport ist ein gesellschaftlich anerkannter Ausdruck natürlicher Aggressivität, stellt aber auf einer anderen Ebene die Sublimierung sexueller Triebe dar. Die hemmungslose Wildheit beim Boxen, die Glorifizierung des Körpers, die Primitivität und die unverhohlene Aggression haben mit Sex mehr gemeinsam als jeder andere Sport. Welchen Typ von Boxer Sie gewählt haben, verweist auf Ihr Verhalten im Bett.

1. **Ein Riese und Quetscher, der seine Gegner mit bloßer Körperkraft unterwirft und zermalmt.** – Alles soll nach Ihrem Kopf gehen. Wie der Boxer seinen Gegner in ein zitterndes Häuflein verwandelt, so wollen auch Sie Ihren Partner beherrschen und ihn ohne lange zu fackeln Ihrem Willen unterwerfen. Das klingt brutal und animalisch, aber schließlich spielen wir hier ja nicht Sackhüpfen!

2. **Ein technisch gewitzter Zauberer, der jeden Gegner mit neuen Schlägen fertigmacht.** – Es gefällt Ihnen, mit jedem neuen Partner neue Stellungen und neue Arten der Stimulation auszuprobieren. Daß Sie Ihrer Erfindungsgabe beim Liebesspiel freien Lauf lassen können, ist schon erregend genug. Sie zielen auf die empfindlichste Stelle Ihres Partners – und los geht's!

AUFREGENDE PHANTASIEN UND VERBORGENE WÜNSCHE

3. **Ein hinterhältiger Typ, der unzulässige Griffe und Kniffe anwendet, sobald der Schiedsrichter ihm den Rücken zudreht.** – Das normale Liebesspiel langweilt Sie. Sie suchen immer neue Wege, um sich und Ihren Partner zu stimulieren, und übertreten dabei auch mal ein paar Regeln (oder greifen zu ungewöhnlichen Hilfsmitteln). Steigen Sie jetzt lieber vom Klappstuhl, bevor noch was passiert!

4. **Ein ausdrucksloser Kämpfer mit steinhartem Gesicht, der keinen Schmerz und keine Gefühle zeigt.** – Auch bei intimen Begegnungen enthüllen Sie Ihr wahres Selbst nur ungern. Beim Liebesspiel geben Sie sich geheimnisvoll, ja fast unheimlich gelassen. Das macht Ihren Partner entweder ganz verrückt vor Neugier oder läßt ihn kalt. Doch irgendwann kommt bestimmt der Tag, an dem Ihnen jemand die Maske herunterreißt. Sind Sie darauf vorbereitet, Ihr wahres Gesicht zu zeigen?

AUFREGENDE PHANTASIEN UND VERBORGENE WÜNSCHE

AUFREGENDE PHANTASIEN UND VERBORGENE WÜNSCHE

Wankelmut

Eine Geschichte zu erfinden ist schwierig. Im Gästezimmer das Bett zu machen ist anstrengend. Sich nach einem Streit zu versöhnen, verlangt Geduld und Großzügigkeit. Doch am schwierigsten ist es manchmal, eine Entscheidung zu treffen.

Sind Sie entscheidungsfreudig? Gut, dann legen Sie mal los!

Sie sitzen in einem ruhigen Lokal und schlagen die Speisekarte auf. Als die Bedienung kommt und Ihre Bestellung aufnehmen will, wissen Sie immer noch nicht richtig, was Sie wollen. Sie ordern schnell ein Sandwich und eine Tasse Kaffee, doch als die Bedienung weg ist, merken Sie, daß Sie eigentlich gar keinen Kaffee wollen, sondern eher Lust auf eine Tasse heiße Schokolade hätten. Was tun Sie?

1. Ich schmökere weiter in der Speisekarte und stelle mir vor, wie gut jetzt eine heiße Schokolade schmecken würde.

2. Ich sehe mich nach der Bedienung um.

3. Ich stehe auf, gehe zur Bedienung und ändere meine Bestellung.

4. Ich nehme eben den Kaffee.

Zugegeben, wenn Sie eine falsche Bestellung aufgeben, geht die Welt nicht unter, und in einer halben Stunde haben Sie die ganze Sache vergessen. Doch wie Sie mit Ihrer Meinungsänderung umgehen, verrät etwas Grundlegenderes über Ihre Persönlichkeit. Was Sie im Lokal tun (oder eben nicht tun), entspricht Ihrer Reaktion auf das Ende einer Beziehung und zeigt vor allem, wie lange Sie leiden, wenn jemand mit Ihnen Schluß gemacht hat.

1. **Ich schmökere weiter in der Speisekarte und stelle mir vor, wie gut jetzt eine heiße Schokolade schmecken würde.** – Sie wissen nicht, wann Schluß ist. Sie schwelgen in alten Zeiten und träumen davon, daß eines Tages alles wieder gut wird. Doch höchstwahrscheinlich tritt das nie ein. Die Vorstellung ist zu Ende, der Vorhang ist gefallen. Zeit, aufzuwachen! Und da kommt auch schon der duftende Kaffee ...

2. **Ich sehe mich nach der Bedienung um.** – Das Ende der Beziehung geht Ihnen nahe, aber es ist für Sie nicht das Ende der Welt. Sie wollen auf keinen Fall eine Szene machen, denn – was könnten die Leute denken? Daß die Leute tratschen könnten, wenn Sie sitzengelassen wurden, macht Ihnen mehr aus als das Ende der Beziehung selbst. Denken Sie nach – vielleicht wurden Sie ja vor allem wegen Ihres Stolzes verlassen?

3. **Ich stehe auf, gehe zur Bedienung und ändere meine Bestellung.** – Sie gehören nicht zu den Leuten, die in Trauer versinken und Trübsal blasen, wenn eine Liebe vorbei ist. Sie sind eher schockiert und verstehen überhaupt nicht, wie Ihnen so etwas passieren konnte! Also versuchen Sie, diese Erinnerung so schnell wie möglich zu verdrängen. – Vielleicht sollten Sie sich ein Hobby zulegen, um auf andere Gedanken zu kommen.

4. **Ich nehme eben den Kaffee.** – Höre ich da nicht »Que será, será« aus der Musikbox? Sie nehmen es, wie's kommt. Sie schlafen drüber und haben am nächsten Morgen die Enttäuschung vergessen. Vielleicht können Sie die Sache mit einem Turbo-Schläfchen sogar noch beschleunigen ... Sind Sie dickfellig, unsensibel oder einfach ein unerschütterlicher Optimist?

AUFREGENDE PHANTASIEN UND VERBORGENE WÜNSCHE

Was nicht
fehlen darf ...

Ausstrahlung ist etwas Merkwürdiges – es gibt Menschen, die die Atmosphäre in ihrer Umgebung mit einem Schlag zu verändern vermögen, ohne daß man genau sagen könnte, woran das liegt.

Genauso, wie es möglich ist, daß sich die mieseste Stimmung im Büro plötzlich einfach dadurch aufhellt, daß ein bestimmter Mensch den Kopf zur Tür hereinstreckt, gibt es umgekehrt auch Persönlichkeiten, die von einem Augenblick auf den anderen eine gutgelaunte, ausgelassene Party in eine Trauerfeier verwandeln können.

Doch besitzen nicht nur Menschen, sondern auch Gegenstände solche Kräfte: Es gibt Dinge, die einen hohen Wert haben, aber trotzdem vollkommen reizlos sind, und andere, billige, die eigenartig zu leuchten scheinen ...

Sehen Sie sich in Ihrer Wohnung um: Fehlt es an etwas Schillerndem, Prächtigem? Wenn ja, durch welchen Gegenstand ließe sich dieser Mangel beheben?

Aufregende Phantasien und verborgene Wünsche

1. Sie wollen Ihre Wohnung mit Blumen schmücken, besitzen aber keine Vase. Wenn Sie sich eine Vase anschaffen würden, zu welcher Art würden Sie greifen? Bitte beschreiben Sie genau die Form, die Sie auswählen würden.

2. Ein Freund von Ihnen kommt zu Besuch und lobt die neue Vase sehr. Wer könnte das sein?

3. Angenommen, Sie stellen fest, daß es sich um eine Zaubervase handelt, in der die Blumen, die man hineinstellt, niemals verwelken. Was würden Sie von so einem Zauber halten?

4. Gesetzt den Fall, Sie würden die Vase verschenken – wer sollte sie am liebsten bekommen? Bitte nennen Sie den Namen einer Person des anderen Geschlechts.

Eine Vase ist ein Symbol der Liebe. Entdecken Sie im folgenden Ihre persönlichen Ausprägungen der Liebe, die Ihnen wahrscheinlich selbst noch gar nicht bewußt waren.

1. **Die von Ihnen bevorzugte Vasenform deutet auf die Form der Liebe, die Ihnen gegenwärtig am besten entspricht.** – Haben Sie eine schlanke Form gewählt, etwa eine Vase für nur eine Blume? – Dann lieben Sie einen Menschen, blind und bedingungslos. Haben Sie sich eine schwere, große Vase ausgesucht, dann machen Sie sich am besten auf die Suche nach einer Liebe, die Ihnen das Gefühl von Sicherheit und Beständigkeit gibt. Bevorzugen Sie ein Keramikgefäß für Ikebana-Gestecke und ähnliches, dann ist für Sie die offene Liebe das Richtige. Haben Sie ein Einzelstück ausgewählt, dessen Design man schwer zuordnen kann, dann sollten Sie nach einer ausgefalleneren, wenn nicht sogar abnormen Form der Liebe (!?) Ausschau halten, denn dort wartet Ihr Glück.

2. **Der Freund, der Ihre neue Vase lobt, ist Ihre geheime Liebe, von der niemand je erfahren soll.** – Ist es jemand vom anderen Geschlecht? Oder vom selben? – Na, jetzt werden wohl einige arg in Verlegenheit geraten sein, weil sie sich bis aufs Mark ertappt fühlen, stimmt's?

AUFREGENDE PHANTASIEN UND VERBORGENE WÜNSCHE

3. Der Eindruck, den Sie hätten, wenn Sie entdeckten, daß es sich um eine Zaubervase handelt, gibt Aufschluß über Ihre Gefühle am Abend vor Ihrer Hochzeit. – Wären Sie froh und glücklich darüber und würden sich ehrlich freuen können? Oder fänden Sie den Zauber doch eher langweilig und würden sich irgendwie melancholisch fühlen?

4. Der Mensch, dem Sie die Vase schenken würden, ist der, der Sie ohne weiteres seelisch und körperlich ruinieren könnte. – Na, welcher Name ist Ihnen hier wohl herausgerutscht?

Die Seele öffnen

Die Seele öffnen

DIE SEELE ÖFFNEN

Abrakadabra,
Simsalabim

Karten tanzen durch die Luft, Kaninchen hüpfen aus dem Zylinder, die reizende Assistentin löst sich in eine Rauchwolke auf – Zauberei ist nichts anderes als eine unterhaltsame Form der Täuschung. Wir alle wissen, daß wir bei einer Zaubervorstellung hinters Licht geführt werden, aber so genau wir auch hinschauen und soviel wir auch darüber nachdenken – wir können das Geheimnis nicht lüften. Trotzdem machen uns das gewitzte Geplänkel und die Fingerfertigkeit des Magiers Spaß, wir lehnen uns zurück und lassen uns die verblüffendsten Zaubertricks vorführen. Vielleicht besteht die Meisterschaft des Zauberers gar nicht in der Beherrschung der Tricks und im Umgang mit den Requisiten, sondern gerade in seiner Fähigkeit, das Publikum zu verführen und zu überzeugen.

Wäre es nicht schön, wenn Sie auch so geschickt wären wie ein Zauberer? Nun, dann ist heute Ihr großer Tag. Das Publikum wartet schon, gleich geht der Vorhang auf ...

1. Sie sind ein Zauberer und treten eine große Tournee an. Heute ist Ihre Premiere; Sie warten hinter der Bühne auf Ihren Auftritt. Wie fühlen Sie sich kurz vor der Vorstellung?

DIE SEELE ÖFFNEN

2. Bei einem Trick brauchen Sie Hilfe. Sie bitten einen Zuschauer aus dem Publikum auf die Bühne. Wen holen Sie? (Nennen Sie den Namen einer Person, die Sie kennen.)

3. Trotz des jahrelangen Trainings und Ihrer großen Erfahrung geht der Trick total schief. Was sagen Sie zu der Person, die Sie aus dem Publikum geholt haben?

4. Nach der Vorstellung gehen Sie in Ihre Garderobe zurück. Wie fühlen Sie sich?

Aus gutem Grund heißen Zauberkunststückchen Tricks, denn die Zuschauer sehen Dinge, die gar nicht da sind, oder sie übersehen Dinge, die ihnen eigentlich ins Auge springen müßten. Tricks haben immer mit Täuschung und List zu tun. Wie Sie sich Ihren Auftritt vorstellen, so nehmen Sie sich selbst wahr, wenn Sie andere anlügen oder täuschen sollen, vor allem jene Menschen, die Ihnen nahestehen.

1. **Wie Sie sich vor der Vorstellung fühlen, so fühlen Sie sich auch, wenn Sie etwas Windiges planen oder sich auch nur ausmalen müßten.** – Die meisten sagen etwa: »Hoffentlich vermassle ich es nicht!« oder: »Meine Güte, bin ich aufgeregt!« Aber es gibt auch Menschen, die kein Lampenfieber haben: »Ich geh da jetzt raus und mache denen etwas vor, das sie so schnell nicht vergessen werden!«

2. **Die Person, die Sie als Assistenten auf die Bühne geholt haben, halten Sie für naiv oder ein bißchen einfältig, und Sie glauben, daß Sie sie leicht täuschen oder anlügen können.** – Haben Sie Ihren gegenwärtigen Lebenspartner genannt, so wäre es nun angebracht, ihm zu versichern, daß Sie so etwas im wirklichen Leben natürlich niemals tun würden.

3. **Was Sie nach dem verpatzten Auftritt sagen, ist die Rechtfertigung, die Sie vorbringen, wenn Sie beim Schummeln erwischt werden.** –
Werden Sie rot und platzen heraus: »Oh, tut mir wirklich leid!«
Oder versuchen Sie, es lachend zu überspielen und weiterzumachen?
»Hoppla! Tja, nun, niemand ist vollkommen, wie man mal wieder sieht!«
Oder gehören Sie zu denen, die dem Publikum weismachen wollen, daß das Teil der Vorstellung ist? Ein toller Trick – wenn er gelingt!

4. **Wie Sie sich nach der Vorstellung fühlen, so fühlen Sie sich, wenn Sie unehrlich waren.** – »So ein Mist! Ich bin völlig mit den Nerven fertig!«
Dann sollten Sie in Zukunft die Finger davon lassen, andere übers Ohr zu hauen.
Oder: »Das reicht. Ich bin raus aus dem Geschäft!« Es gibt sehr viel bessere Möglichkeiten für einen rechtschaffenen, hart arbeitenden Menschen, etwas zu erreichen. Wahrscheinlich sind Sie für all den Hokuspokus und den faulen Zauber nicht geschaffen.
»Das nächste Mal krieg ich's hin!« Manche lernen es eben nie. Vielleicht sollten Sie Politiker oder Rechtsanwalt werden oder Gebrauchtwagenhändler.
Oder sagen Sie: »Eigentlich war das ganz schön aufregend!« – Dann haben Sie Blut geleckt.

DIE SEELE ÖFFNEN

In die
Tiefe

Jedes Abenteuer hat auch eine gefährliche Seite, darum sind Abenteuer ja auch so spannend und ziehen uns in ihren Bann. Die Menschen geben bereitwillig große Summen aus, um diese Spannung zu erleben, jedoch ohne ein Risiko für Leib und Leben einzugehen. Deshalb gibt es Fallschirmspringerschulen, Bungee-Jumping-Kurse und Horrorvideos. Wir alle haben den Drang, Herausforderungen anzunehmen. Die Faszination des Gefährlichen kann sogar so groß sein, daß manche Menschen mit dem Leben spielen, wenn sie ein Geheimnis lüften oder unbekanntes Terrain erkunden wollen. Wir alle kennen das Gefühl, wenn wir einen Gruselfilm sehen und der Held durch eine Tür in einen dunklen Raum tritt, und wir schreien wollen: »Um Gottes willen! Nein, nicht!« Aber was würden Sie tun, wenn Sie dieser Held wären?

Die nächste Reise führt uns in diese Welt der Finsternis, wo die Grenze zwischen Nervenkitzel und nackter Angst verschwimmt.

DIE SEELE ÖFFNEN

1. Sie befinden sich in einem alten, verlassenen Haus, das jahrelang kein Mensch betreten hat. Dort entdecken Sie eine Treppe, die in den Keller führt. Langsam tasten Sie sich nach unten und zählen die Stufen: eins, zwei, drei ... Wie viele Stufen müssen Sie hinuntersteigen, bis Sie unten ankommen?

2. Im Keller ist es stockdunkel. In der pechschwarzen Finsternis hören Sie menschliche Geräusche. Weint da jemand leise? Jammert und klagt er? Spricht er Sie an?

3. Wie reagieren Sie? Versuchen Sie, ihn zu finden? Wollen Sie instinktiv kehrtmachen und die Treppe hinaufrennen, ohne sich noch einmal umzudrehen? Oder bleiben Sie gelähmt vor Angst stehen und rühren sich nicht vom Fleck?

4. Nun ruft jemand Ihren Namen, und eine Gestalt kommt in dem Lichtstrahl von oben die Treppe herunter. Wer ist es?

Verlassene Häuser und Kellerräume symbolisieren verdrängte Erinnerungen und vernarbte seelische Wunden. Wir alle hatten schon Erlebnisse, an die wir uns nur ungern erinnern, und wir alle haben schon leidvolle Erfahrungen gemacht, von denen wir dachten, daß wir sie überwunden hätten. Doch die Erinnerung läßt sich nicht so leicht auslöschen, und was wir vergessen glaubten, belastet uns länger, als wir uns eingestehen würden. Ihre Reaktion auf diese Situation zeigt, wie Sie mit schmerzhaften Erinnerungen umgehen.

1. **Die Anzahl der Stufen verweist auf die Tiefe Ihrer seelischen Wunden. –** Wer nur wenige Stufen angegeben hat, scheint von der Vergangenheit weitgehend unbelastet zu sein, doch wer viele Stufen gezählt hat, trägt tiefe Wunden in sich.

2. **Das Geräusch, das Sie in der Dunkelheit hörten, zeigt, wie Sie mit leidvollen Erfahrungen der Vergangenheit umgehen. –** Hörten Sie ein Weinen, so wurden Sie in schweren Zeiten getröstet und konnten mit der Hilfe anderer Ihren Schmerz überwinden. Die Menschen, die sich damals um Sie kümmerten, haben geholfen, Sie zu der Person zu machen, die Sie heute sind. Ihre Tränen waren nicht umsonst.

Hörten Sie Jammern und Klagen, mußten Sie den schweren Weg alleine gehen. Das Klagen ist Ihr eigener verdrängter Schmerz. Vielleicht ist es Zeit, die Tür zu öffnen und die Sonne hereinzulassen. Bei Tage besehen sind die Dinge gar nicht so schlimm.

Wer seinen Namen gehört hat, trägt seine alten Narben wie einen Orden und will die Wunde darunter nicht wahrhaben. Nietzsche sagte:

»Was mich nicht umbringt, macht mich stärker.« Diesen Spruch haben Sie sich zu Herzen genommen. Doch achten Sie darauf, daß Sie nicht gegen die Gefühle von anderen abstumpfen.

3. **Ihre Reaktion auf das Geräusch aus der Dunkelheit deutet darauf hin, wie Sie mit den schmerzvollen Seiten Ihrer Vergangenheit umgehen. –** Wenn Sie versuchen, den Menschen in der Dunkelheit zu finden, so ergreifen Sie auch im wirklichen Leben Initiative und übernehmen Verantwortung. Sie gehen die Probleme an und finden auch Wege zu ihrer Lösung.
Wer kehrtmacht und die Treppe wieder hinaufrennt, ignoriert Probleme lieber und hofft, daß sie sich von selbst lösen. Manchmal funktioniert das auch, aber Sie dürfen nicht überrascht sein, wenn das Problem einmal hartnäckiger ist, als Sie erwartet haben. Manchmal muß man sich seinen Ängsten eben stellen.
Wenn Sie vor Angst wie gelähmt waren, gab es vielleicht in der Vergangenheit ungelöste Konflikte, die Sie immer noch beschäftigen und verhindern, daß Sie im Leben vorwärtskommen.

4. **Auf die Person, die von oben Ihren Namen ruft, können Sie sich in schweren Zeiten verlassen. –** Sie glauben, daß diese Person Sie trösten kann und Ihnen hilft, Ihre Wunden zu heilen.

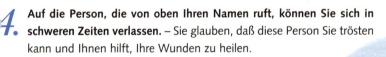

DIE SEELE ÖFFNEN

DIE SEELE ÖFFNEN

An Ihrem
Geburtstag

Ihr Geburtstag ist der Tag im Jahr, an dem Sie mit Fug und Recht erwarten können, daß man ein bißchen netter zu Ihnen ist als sonst, daß Sie Glückwünsche, Karten und Geschenke bekommen und daß man Ihnen vielleicht sogar eine Party oder ein Dinner zu zweit bei Kerzenschein ausrichtet.

Heute haben Sie Geburtstag. In Ihrem Briefkasten steckt eine Karte von einer Person, von der Sie nie Glückwünsche erwartet hätten. Wer hat diese Karte geschickt?

Sie haben auch viele Geschenke von Verwandten und Freunden bekommen. Wer hat Ihnen das größte Päckchen geschickt?

(Nennen Sie jeweils die Namen von Personen, die Sie kennen.)

Ihre Antworten verweisen auf die wahren Gefühle für die Menschen in Ihrem Leben, Gefühle, derer Sie sich vielleicht gar nicht bewußt sind.

Von der Person, die Ihnen unerwartet eine Karte geschickt hat, wünschen Sie sich, daß sie sich mehr um Sie kümmert oder Ihnen mehr Aufmerksamkeit schenkt. Kurz, Sie mögen diese Person insgeheim sehr. Möglicherweise kennen Sie sie kaum und trauen sich nicht, sie anzusprechen, oder es ist ein Freund, von dem Sie lange nichts gehört haben. Vielleicht sollten Sie sich aufraffen und den ersten Schritt zur Annäherung tun.

Oberflächlich gesehen hegen Sie für den Absender des größten Päckchens auch die freundschaftlichsten Gefühle. Doch aus psychologischer Sicht zweifeln Sie nicht im geringsten an der Zuneigung dieser Person. Das heißt natürlich nicht, daß es Ihnen an Achtung mangelt, aber Sie vertrauen einfach auf das Wohlwollen des anderen. Doch seien Sie vorsichtig: Ihre Sicherheit kann auf andere sehr selbstgerecht wirken.

DIE SEELE ÖFFNEN

Bilder einer
Ausstellung

Von Zeit zu Zeit nimmt man gerne eine kleine Auszeit von seinem vollen Terminkalender und frönt dem Kunstgenuß. Die einen gehen ins Konzert, die anderen tanzen oder musizieren, manche betätigen sich selbst künstlerisch, viele gehen ins Museum.

Sie stehen vor einem Gemälde, da stellt sich eine fremde Person neben Sie und spricht Sie an. Was sagt diese Person?

1.　　»Ist das nicht ein schönes Bild?«

2.　　»Wie finden Sie dieses Gemälde?«

3.　　»Entschuldigung, können Sie mir sagen,
　　　　wie spät es ist?«

4.　　»Ich male selbst, wissen Sie.«

DIE SEELE ÖFFNEN

Wenn man von einem Fremden angesprochen wird, ist man vorsichtig und neugierig zugleich. Was die Person in dieser imaginären Szene sagt, spiegelt wider, wie Sie sich in zufälligen Begegnungen, beim Zusammentreffen mit fremden Menschen verhalten und welchen ersten Eindruck Sie auf andere machen.

1. **»Ist das nicht ein schönes Bild?«** – Mit Ihrer freundlichen, sympathischen Art hinterlassen Sie beim ersten Zusammentreffen überall einen sehr guten Eindruck. Wie sich die Beziehung dann weiterentwickelt, liegt natürlich an Ihnen. Allerdings sollten Sie darauf achten, daß man Sie von Anfang an ernst nimmt.

2. **»Wie finden Sie dieses Gemälde?«** – Sie wollen zuerst die anderen aus der Reserve locken, bevor Sie selbst etwas von sich preisgeben. Die Menschen spüren Ihre Zurückhaltung und könnten entsprechend reagieren. Mit Ihrer Vorsicht wollen Sie niemandem auf die Füße treten, aber das kann dazu führen, daß Sie sich am Ende nach den anderen richten müssen.

DIE SEELE ÖFFNEN

3. »Entschuldigung, können Sie mir sagen, wie spät es ist?« – Die eine Hälfte der Menschheit findet Sie bestimmt völlig normal, die andere Hälfte findet Sie jedoch ein bißchen komisch. Sie vermitteln spontan den Eindruck, daß Sie Ihr Leben in der Hand haben und nach Ihrem eigenen Gusto leben, den manch einer allerdings ziemlich exzentrisch nennen würde. Sie scheren sich nicht groß darum, was andere empfinden oder denken. Was auch passiert – so sind Sie nun mal.

4. »Ich male selbst, wissen Sie.« – Bei der ersten Begegnung wirken Sie unsicher und übereifrig. Vielleicht bemühen Sie sich zu sehr, anderen zu gefallen. Doch je mehr Sie sich bemühen, desto schlechter ist der Eindruck, den Sie hinterlassen. Sie sollten nicht so viele Anstrengungen unternehmen, damit die Leute Sie toll finden; wenn Sie sich ein bißchen zurücknehmen und lockerer auftreten, mögen die anderen Sie bestimmt sehr viel mehr.

DIE SEELE ÖFFNEN

DIE SEELE ÖFFNEN

Sie sind auch nur
ein Mensch

»Nicht zu fassen! Wie konnte ich nur so was Blödes tun!« Wir alle haben nur allzuoft Anlaß, das zu sagen. Toast verkohlt, Kaffee verkleckert, Wecker nicht gehört, Zeh angeschlagen, Haltestelle verpaßt – es ist ganz normal, daß wir hin und wieder Mist bauen. Niemand ist vollkommen, das beweisen wir Tag für Tag. Und daran sollten wir auch denken, wenn wir mal wieder schadenfroh über die Mißgeschicke anderer lachen; schließlich weiß keiner, wann er das nächste Mal wieder zwei ungleiche Socken anhat.

Sie spazieren gedankenverloren die Straße hinunter und stolpern über einen Mülleimer. Er fällt um. Was quillt heraus?

1.   Nichts; der Mülleimer war leer.

2.   Einfach nur ein Haufen loser Müll.

3.   Apfelschalen, Hühnerknochen und
       andere Essensreste.

4.   Ein gut verschnürter Müllsack.

Sie haben nicht aufgepaßt und einen Mülleimer umgeworfen. Dabei quillt etwas heraus, das ordentlich entsorgt war, und nun kann es jeder sehen. Ihre Vorstellungen vom Inhalt des Mülleimers symbolisieren innere Einstellungen, die Sie gerne vor anderen verbergen.

1. **Nichts; der Mülleimer war leer.** – Sie tragen keine Masken und stellen sich auch nicht zur Schau. Jeder kann sehen, wer Sie sind und wie Sie sind. Diese Schlichtheit und Aufrichtigkeit macht Sie liebenswert.

2. **Einfach nur ein Haufen loser Müll.** – Nach außen hin sind Sie offen und ehrlich zu anderen, doch in Ihrem Inneren stecken eine Menge unterdrückter Gefühle, die Sie nur als diffuse Frustration empfinden. Und wenn Sie darüber nachdenken, werden Sie vielleicht feststellen, daß es genau das ist, was Sie zwar fühlen, aber nie aussprechen.

3. **Apfelschalen, Hühnerknochen und andere Essensreste.** – Sie unterdrücken Ihr Hungergefühl und Ihr natürliches Bedürfnis nach Nahrungsaufnahme. Vielleicht machen Sie gerade eine Diät oder drücken sich im Gegenteil vor einer Diät. Oder Sie versuchen zu sparen, indem Sie die Lebensmittelausgaben kürzen. Was auch immer der Grund sein mag – Ihr Verzicht verlangt seinen Tribut. Man muß es ja nicht gleich übertreiben, aber es würde Ihnen sicherlich guttun, sich mit Freunden einen Abend im Restaurant zu gönnen. Sie haben es verdient!

DIE SEELE ÖFFNEN

4. **Ein gut verschnürter Müllsack.** – Sie haben viel, ja vielleicht zu viel Selbstbeherrschung. Sie wollen nicht klagen und keine Schwäche zeigen – das verbietet Ihnen Ihr Stolz. Doch anderen mitzuteilen, was Sie wirklich empfinden, ist kein Zeichen von Schwäche. Lockern Sie die Schnur und lassen Sie etwas Luft in den Sack, damit der Müll nicht fault und zu stinken anfängt.

DIE SEELE ÖFFNEN

Die
Seehund-Nummer

Nicht nur Menschen können unterhaltsam sein. Wer hat im Zirkus nicht schon kniende Pferde, Bären auf Rollzylindern und Schimpansen auf Dreirädern gesehen – allen voran die Stars der Wasserwelt, Delphine und Seehunde?

Stellen Sie sich vor, Sie wären ein Seehund im Becken und müßten vor einer großen Menschenmenge Ihre Kunststückchen vorführen.

Was geht Ihnen durch den Kopf, wenn Sie ins Publikum blicken, den Ball auf der Nase balancieren und auf den nächsten Eimer Fische als Belohnung warten?

Dressierte Tiere, die Kunststückchen machen, werden auf dieses Verhalten abgerichtet; sie können nicht einfach damit aufhören, wenn sie keine Lust mehr haben.
Was Sie bei der Vorführung dachten, denken Sie über Ihre Arbeit. Was dachten Sie?

1. **»Kaum zu glauben, daß diese Dummköpfe auch noch dafür bezahlen!«** – Sie würden staunen zu erfahren, welchen Unterhaltungswert Ihre Kunststückchen für das Publikum haben!

2. **»He, Junge, wie wär's das nächste Mal mit einem Eimer Lachs? Noch 'ne Sardine – und ich muß kotzen!«** – Denken Sie daran, wenn Sie das nächste Mal mit Ihrem Chef über eine Gehaltserhöhung verhandeln. Nur ein quietschendes Rad wird geschmiert.

3. **»Welch eine Erniedrigung! Vor all diesen Leuten!«** – Was sagten Sie, sind Sie von Beruf? Vielleicht sollten Sie sich auf einen ruhigen Buchhalterposten zurückziehen.

Die Früchte
der Arbeit

Der menschliche Geist liebt die Herausforderung. Der Wunsch, uns selbst zu übertreffen, ist vielleicht das Geheimnis unseres Erfolgs als biologische Art. Keine Wissenschaft konnte ohne fehlgeschlagene Versuche und anstrengendes Studium gedeihen. So ist auch die Persönlichkeit eines Menschen das Ergebnis des ihm innewohnenden Drangs, aus der diffusen persönlichen Erfahrung etwas Einzigartiges zu schaffen. Dieses Bedürfnis nach Herausforderung ist so groß, daß wir die Dinge teilweise komplizierter machen, als sie sein müßten, nur damit wir Gelegenheit haben, die Hindernisse zu überwinden, die wir uns selbst in den Weg stellen.

Sie sind eine Koryphäe auf dem Gebiet der Botanik und entwickeln eine neue Pflanzensorte. Seit Jahren experimentieren Sie in Ihrem Labor, nun sehen Sie erste Erfolge. Als letzten Test für die Robustheit Ihrer Schöpfung pflanzen Sie hundert Samen Ihrer neuen Sorte an einem unwirtlichen Platz in der Wüste.

Wie viele der hundert Samen keimen? (Geben Sie eine Zahl zwischen 0 und 100 an.)

Die Anzahl der keimenden Pflanzen entspricht dem Ausmaß Ihres Selbstvertrauens. Der Botaniker steht hier für Selbstbewußtsein und Stolz, während die Wüste Zweifel, Unsicherheit und die große Herausforderung symbolisiert, die Probe, der wir uns stellen.

Wer eine hohe Zahl angegeben hat, identifiziert sich eher mit dem Botaniker und hat viel Selbstvertrauen, während jene, die eine kleine Zahl angegeben haben, die Herausforderung zu groß fanden und entsprechend weniger Selbstvertrauen haben.

1. **99 - 100:** Zu behaupten, Sie hätten Selbstvertrauen, ist fast eine Untertreibung. »Eitelkeit« träfe den Sachverhalt sicher besser. Natürlich ist es wichtig, an sich selbst zu glauben, aber dabei sollten Sie die Herausforderungen, denen andere Menschen sich stellen, nicht als geringfügig abtun.

2. **98 - 81:** Sie strahlen Vertrauen in sich und Ihre Fähigkeiten aus, doch Sie wirken nicht arrogant. Die Menschen in Ihrer Umgebung empfinden Sie als selbstsicher und erkennen Ihre natürliche Autorität gerne an.

3. **80 - 61:** Am besten könnte man Sie einen vorsichtigen Optimisten nennen, der auf das Beste hofft, aber auf das Schlimmste gefaßt ist. Mit dieser realistischen Lebenseinstellung bleiben Sie auf dem Teppich, während andere schon in den Wolken schweben.

DIE SEELE ÖFFNEN

4. **60 - 41:** Ihr Selbstvertrauen ist durchschnittlich; weder sind Sie zu anmaßend noch zu unsicher. Vielleicht sind Sie noch auf der Suche nach Ihren großen Stärken, oder vielleicht haben Sie einfach einen gesunden Respekt vor den Schwierigkeiten, die Sie überwinden müssen. Glauben Sie an sich – die anderen tun es Ihnen bestimmt gleich.

5. **40 - 21:** Sie zweifeln zwar nicht unbedingt an sich, doch Sie überschätzen die Herausforderung, der Sie sich stellen müssen. Vielleicht betrachten Sie Ihrer Meinung nach die Dinge einfach nur realistisch, doch Ihre Schwarzseherei beeinflußt die Meinung anderer über Sie. Um anderen Menschen Vertrauen einzuflößen, müssen Sie erst Vertrauen in sich selbst haben.

6. **20 - 1:** Bescheidenheit ist eine Zier ... Doch Sie sollten eine bessere Wertschätzung Ihrer selbst entwickeln. Es ist nicht falsch zu glauben, etwas Großartiges erreichen zu können, und mit ein wenig Arbeit und Durchhaltevermögen klappt das auch. Was Ihnen im Weg steht, sind nur Sie selbst.

7. **0:** Was aussieht wie ein totaler Mangel an Selbstvertrauen, ist im Grunde der Stolz des Perfektionisten. Sie können den Gedanken nicht ertragen, widerlegt zu werden oder einen Fehler zu machen; also geben Sie vor, alles sei zu schwierig für Sie. Sie sollten lernen, sich mit diesen Ängsten auseinanderzusetzen, sonst denken die Leute fälschlicherweise, Sie seien ein Taugenichts, dabei haben Sie es ja noch nicht einmal versucht!

DIE SEELE ÖFFNEN

Nur das
Allernötigste

Jeder hat ein paar Dinge, die er immer in die Hosentasche oder in die Handtasche steckt, wenn er das Haus verläßt – Geldbörse, Personalausweis, Schlüssel, Kreditkarten. Das Innere unserer Taschen ist wie das Innere unseres Kopfes; wir alle tragen ähnliche Dinge mit uns herum, aber jeder hat etwas, das den Inhalt seiner Tasche einzigartig macht.

Sie richten Ihre Sachen für den nächsten Tag zusammen. Welchen Gegenstand würden Sie, abgesehen von den wirklich notwendigen Dingen, mitnehmen?

1. Adreßbuch

2. Haarspray oder -gel

3. Glücksbringer

4. Bonbons, Kaugummi

Was wollen Sie immer bei der Hand haben? Ohne den besagten Gegenstand fühlen Sie sich unsicher. Ihre Wahl erzählt uns etwas über die Seite Ihrer Persönlichkeit, derer Sie sich nicht sicher sind.

1. **Adreßbuch** – Sie trauen Ihrem Gedächtnis nicht, denn es ist wie ein Sieb. Telefonnummern, Geburtstage, Verabredungen vergessen Sie einfach, natürlich ohne es zu wollen, aber irgendwie können Sie sich auch nichts merken, und so müssen Sie sich ständig entschuldigen, wenn Sie wieder einen wichtigen Tag vergessen haben. Gut, daß Sie Ihr Adreßbuch immer dabei haben – wenn Sie sich nur erinnern könnten, wo Sie es gelassen haben …

2. **Haarspray oder -gel** – Ihre äußere Erscheinung ist für Sie von größter Wichtigkeit. Sie achten aufs Detail und sehen immer so großartig aus, als könnten Sie die ganze Welt erobern. Aber manchmal gehen Sie etwas zu weit. Schließlich ist eine schlecht sitzende Frisur noch kein triftiger Grund, sich krank zu melden.

3. **Glücksbringer** – Sie fühlen sich vom Pech verfolgt. Ihre Schlange im Supermarkt ist immer die längste, und wenn Ihnen Ihr Toast runterfällt, dann garantiert immer mit der gebutterten Seite nach unten. Bei Ihnen geht alles schief; das wissen Sie. Sie sind nicht etwa abergläubisch, aber mit Ihrem Glücksbringer – ein vierblättriges Kleeblatt, ein Heiligenbild oder einfach nur ein paar alte Socken, an denen Sie hängen – fühlen Sie sich auf jeden Fall ein bißchen sicherer.

4. **Bonbons, Kaugummi** – Sie sind sehr um Ihr leibliches Wohl besorgt. Einen Tag, nachdem Sie eine Diät begonnen haben, verschlingen Sie eine Packung Kekse; jedesmal wenn Sie in die Küche gehen, machen Sie den Kühlschrank auf, »nur um nachzusehen«. Essen füllt Ihren Kopf mehr als Ihren Magen. Wenn Sie ein paar Bonbons oder einen Schokoriegel bei sich haben, fühlen Sie sich sicher. Was auch immer im Laufe des Tages geschieht – wenigstens werden Sie nicht verhungern.

DIE SEELE ÖFFNEN

Der äußere
Schein

Stellen Sie sich vor, Sie wären der berühmteste Pop-Star der Welt, der Liebling der Medien, das Idol von Millionen. Sicher wünschen Sie sich das manchmal, wenn Sie beim Autofahren oder in der Badewanne lauthals einen Hit nach dem anderen schmettern. Es verleiht Ihnen unglaubliche Befriedigung, mit einem Lied Millionen von Menschen anzusprechen.

Sie sind ein neuer Stern am Pop-Himmel und haben gerade Ihre erste CD aufgenommen. Nun müssen Sie nur noch ein Cover auswählen. Wie würden Sie es gestalten?

1. Eine ruhige Szene mit Bildern von irgendeinem exotischen Ort.

2. Etwas Verspieltes, zum Beispiel eine lustige Karikatur.

3. Ein abstraktes Muster ohne augenfällige Bedeutung, das zum Nachdenken anregt.

4. Ein Foto von mir.

Eine eigene CD auf den Markt zu bringen ist psychologisch gesehen das Bedürfnis, sich auszudrücken. Bei der Gestaltung des Covers verweisen Sie auf die Seiten Ihrer Persönlichkeit, die andere wahrnehmen sollen und die Sie selbst als Ihre Schokoladenseite betrachten. Schauen wir mal, wie das Cover von den Käufern aufgenommen wird …

1. **Eine ruhige Szene mit Bildern von irgendeinem exotischen Ort. –** Sie halten sich für einen fürsorglichen, netten Menschen, der für andere immer ein Lächeln oder ein freundliches Wort übrig hat. Man kann sich kaum eine gefühlvollere Person vorstellen als Sie. Doch auf andere wirken Sie manchmal wie von einem Schutzwall umgeben, durch den Sie nichts an sich heranlassen, und somit wirkt alles ein wenig aufgesetzt. Wenn Sie sich nie gehenlassen und nie Ihre wahren Gefühle zeigen, werden sich die Leute immer fragen, was Sie wirklich denken.

2. **Etwas Verspieltes, zum Beispiel eine lustige Karikatur. –** Sie sind gesellig, gesprächig, und die Leute haben Sie gerne um sich. Das wissen Sie auch. Doch andere sehen auch die Kehrseite der Medaille – Sie sind unzuverlässig, flatterhaft und lassen sich leicht mitreißen. Menschen zum Lachen zu bringen, ist eine wunderbare Gabe, doch sie sollten *mit* Ihnen lachen, nicht *über* Sie.

DIE SEELE ÖFFNEN

3. **Ein abstraktes Muster ohne augenfällige Bedeutung, das zum Nachdenken anregt.** – Sie haben Schwierigkeiten, Ihre kreative Seite auszudrücken. Sie mögen zwar talentiert und originell sein, doch andere Leute sind das auch. Um zu brillieren und nicht als komischer Kauz zu gelten, sollten Sie mit anderen zusammenarbeiten und Ihre Originalität einbringen. Aber lassen Sie das nicht wieder zu einem neuen Spleen ausarten!

4. **Ein Foto von mir.** – Sie sagen ganz direkt: »So bin ich – nehmt mich, wie ich bin.« Aufrichtigkeit ist Ihre Stärke. Doch was Sie aufrichtig finden, wirkt auf andere oft eigensinnig: »So bin ich, und so bleibe ich!« Niemand ist so toll, daß er nicht noch toller werden könnte. Doch wenn Sie an einem bestimmten Bild von sich festhalten möchten, nehmen Sie wenigstens einen guten Schnappschuß.

DIE SEELE ÖFFNEN

Im
Labyrinth

Gehen wir noch einmal in unseren Vergnügungspark und setzen unsere Entdeckungsreise durch das Unbewußte fort. Einige Fahrbetriebe kennen Sie ja schon – zum Beispiel die schwindelnde Erregung beim Achterbahnfahren. Die Geisterbahn wartet noch auf uns, aber das ist eher etwas für Paare. Also lassen Sie uns statt dessen ins Labyrinth gehen.

Sie haben den Weg durch den riesigen Irrgarten gefunden und stehen am Ausgang.

Welche Aussage beschreibt am besten Ihr Gefühl?

1. »Verrückt! Ich war in Null Komma nichts wieder draußen. Eigentlich schade!«
2. »Ich habe zwar eine Weile gebraucht, um wieder herauszufinden, aber im Grunde war es gar nicht so schwer.«
3. »Ich habe mich völlig verirrt! Eine Zeitlang dachte ich, ich finde da nie wieder raus!«
4. »Ich habe mich einer Gruppe von Leuten angeschlossen, und die zeigten mir den Weg. Sonst wäre ich jetzt noch da drin!«

Die verschlungenen, scheinbar ausweglosen Gänge eines Irrgartens symbolisieren Ihren eigenen Lebensweg mit allen Verführungen, Rückschlägen und Sackgassen. Vor allem Heranwachsende fühlen sich leicht verloren und orientierungslos. Ihre Erfahrung im Labyrinth steht für die Erinnerung an Ihre Jugendzeit.

1. **»Verrückt! Ich war in Null Komma nichts wieder draußen. Eigentlich schade!«** – Die meisten Menschen erinnern sich an ihre Jugend als an eine Zeit voller Streß und Orientierungslosigkeit, Sie aber hatten nichts als Spaß. »Woher komme ich und wohin gehe ich?« – solche Fragen stellten Sie sich nicht, auch der Druck der Gleichaltrigen konnte Ihnen nichts anhaben. Ihre Jugend war für Sie eine einzige lange Party. Das könnte natürlich heißen, daß Sie die wahrhaft großen Prüfungen noch vor sich haben ...

2. **»Ich habe zwar eine Weile gebraucht, um wieder herauszufinden, aber im Grunde war es gar nicht so schwer.«** – Sie hatten es nicht gerade leicht in Ihrer Jugend, und sehr wahrscheinlich grübelten Sie so manche schlaflose Nacht über dieselben Probleme wie wir alle – Liebe, Freundschaft und die Zukunft. Diese Erfahrungen haben Sie zu dem Menschen gemacht, der Sie nun sind, und die Lektionen, die Sie gelernt haben, werden Ihnen auch über künftige Schwierigkeiten hinweghelfen.

3. »Ich habe mich völlig verirrt! Eine Zeitlang dachte ich, ich finde da nie wieder raus!« – Jeder von uns hatte ein, zwei richtig harte Jahre, bevor er erwachsen wurde, aber Sie haben es auf die Spitze getrieben, haben sich unablässig den Kopf über Probleme zerbrochen, die nur in Ihrer Phantasie existierten, über alles endlos nachgedacht und sich mit Selbstzweifeln gequält. Sicherlich hat Ihre Persönlichkeit dadurch an Reife und Tiefe gewonnen, doch nun können Sie die Dinge etwas lockerer angehen und das Leben genießen. Sie haben es verdient!

4. »Ich habe mich einer Gruppe von Leuten angeschlossen, und die zeigten mir den Weg. Sonst wäre ich jetzt noch da drin!« – Wenn Sie heute ein zufriedenes Leben führen, so liegt das vor allem an den Freundschaften, die Sie in Ihrer Jugend schlossen. Auch Sie hatten Ihre Sorgen, aber offenbar war immer jemand da, an den Sie sich wenden konnten, wenn Sie nicht mehr weiterwußten. Freuen Sie sich über das Glück, das Sie bislang hatten. Nun sind Sie an der Reihe und dürfen die Hilfe, die Sie erfahren haben, an andere weitergeben.

Tadahiko Nagao, Isamu Saito
Kokology für Verliebte
Das Spiel des Herzens. Aus dem Japanischen von Ursula Gräfe und Kimiko Nakayama-Ziegler. 155 Seiten. Serie Piper

Ob der erste Flirt oder die große Liebe, romantische Träume oder heimliche Wünsche – hier erfahren Sie alles über Ihre wahren Gefühle und Leidenschaften. Kokology, das Psychospiel mit asiatischem Flair, begeistert die Leser nicht nur in Japan. Entdecken Sie das Spiel mit der Seele allein, zu zweit oder im Freundeskreis, und lassen Sie sich überraschen, wie spannend Ihr Liebesleben ist! Jetzt gibt es das perfekte Geschenk für alle, die in Frühlingsgefühlen schwelgen und mehr über ihre romantischen Träume und erotischen Leidenschaften erfahren möchten.

Yagyu Munenori
Der Weg des Samurai
Anleitung zum strategischen Handeln. Herausgegeben von Hiroaki Sato. Aus dem Amerikanischen von Guido Keller. 153 Seiten. Serie Piper

In kurzen Kapiteln vermittelt der legendäre Schwertkunstmeister Yagyu Munenori (1571–1646) Wahrheiten, die immer noch Gültigkeit besitzen: Klarheit und Inspiration, Harmonie und Vollendung – das sind die Essenzen der uralten japanischen Schwertkunst, die besonders heute den Weg zu klugem strategischem Handeln in Konflikten und im Wettbewerb zeigen. Ein außergewöhnliches Buch, das den Leser tief mit der spirituellen Lebensart und strategischen Weisheit des edlen japanischen Samurai vertraut macht.